工作與家庭
Work and Family Life

Patricia Voydanoff／著

郭靜晃／主編

張惠芬　郭妙雪／譯

Work And Family Life

Patricia Voydanoff

ISBN ： 957-8446-39 -X
Printed in Taiwan, Republic of China

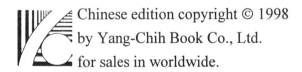 Chinese edition copyright © 1998
by Yang-Chih Book Co., Ltd.
for sales in worldwide.

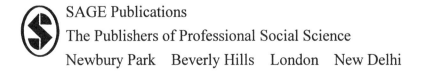 SAGE Publications
The Publishers of Professional Social Science
Newbury Park   Beverly Hills   London   New Delhi

致　謝

對於Alexa Albert, Brenda W. Donnelly, Lora J. Durham, Richard J. Gelles, Phyllis Moen, John Scanzoni, Daniel Voydanoff及Sandra Voydanoff等幫助本書的貢獻，本人在此表示十二萬分的感謝。還有本書的一些實徵資料的分析摘自我過去的作品，如《經濟壓力與家庭》（*Economic Distvess and Families*）出版自家庭議題期刊（Journal of Family Issues, 1984）、《女性工作、家庭與健康》（*Women's Work, Family, and Health*）摘錄在K. Koziara, M. Moskow及L.D. Tanner (eds.)的《工作女性：過去、現在與未來》（*Working Wowen: Past, Present, Future*）之中，以及1986 IRRA研究期刊，出版自Washington：國家事務局（Bureau of National Affairs）。

郭　序

　　家庭是孕育人類生存與發展的溫床，亦是教育與養護兒童的最重要熔爐。臺灣地區近幾年來的社會變遷十分快速，例如經濟與社會的發展，這些快速的社會變遷，導致社會與家庭在結構層面、功能與內涵皆衍生相當大的變化，家庭的任何變動，都將對家庭的成員，尤其是依附於家庭的兒童與老年，產生鉅大的影響。

　　今日臺灣家庭人口一直在縮減中，核心家庭也成為我國最主要的家庭結構，平均家庭所生兒童人口數為1.7口，婦女出外就業大約占45%，造成雙生涯家庭；婦女平權主義升起、教育普及、工作機會的獲得與經濟獨立，使得女性較勇於對不滿意的婚姻訴求離婚，單親家庭因此而增多；此外我國社會步入高齡化，老年的社會安全保障和其它社會適應措施等，需求日益急迫，諸此種種皆指出了未來家庭的組成將面臨一些挑戰：家庭經濟，婚姻調適與自身安全保障，兒童、老人照顧與青少年行為偏差等問題。這些問題的主要根源在於家庭，無異乎，家庭一直是社會的最大支柱。家庭變遷是不可避免的趨勢，人在社會變遷中產生許多多元的價值、各種不同形色的家庭共存於社會，由於這些不同背景的家庭持有不同的態度、行為與價值，因此藉著婚姻的結合，個人本身必須調適個人的行為與價值，才能維持家庭成員的和諧關係及家庭功能順利發揮，如此一來，家庭及個人的需求得以滿足並臻至幸福。

家庭一直是我們最熟悉的場所，而且是花最多時間在此生長、孕育、發展的窩或舒解情感、避免人生衝突、挫折的避風港。而社會變遷的洪流導致傳統的家庭產生變化，這些變化是好或壞，是強或弱，則一直是見人見智的說法。但值得肯定的是，人類必須要重新面對這新的家庭觀念以及社會變遷下的家庭衝擊。這一切意謂現代人必須再一次學習家庭的意義、功能以及價值。

在學習的過程最需要有一套參考用書，可喜的是，Sage Publishing Company出版一套家庭系列叢書，此叢書專門探討與家庭相關的研究主題，是研修生活科學、生活應用科學、家庭關係、心理學、社會學、社會工作、諮商輔導及對家庭領域相關科系的學生修習家庭相關課題參考用書，此叢書含蓋的主題有家庭理論架構設計、家庭研究方法、家庭歷史、跨文化家庭比較及家庭生命週期分析；其相關的傳統主題，如約會、擇偶、為人父母、離婚、再婚、家庭權威；此外，也包含最近家庭熱門的主題，如家庭暴力、老年家庭、及為人父母親、不同家庭型態以及青少年性行為等。

藉由這些叢書，我們可以看到美國當前社會與家庭的變遷以及社會變遷所衍生的家庭問題，這些對於臺灣學習家庭相關主題上是個很好的參考與啓示，更能呼籲「他山之石，可以攻錯」，所以讀者在研讀這些書籍時，可以將臺灣的經驗加以整合，使其成爲合乎本土現況的家庭叢書，並作爲預測未來台灣家庭可能轉變的趨勢，以作爲問題尚未發生時的預防策略。

　　此系列家庭叢書每一本皆是匯集美國社會現況所出版的專集，在國內卻因文字的障礙而不能廣爲推薦給國內有興趣的讀者，實爲國內推廣家庭服務的一大遺憾。現今，此套叢書版權已由揚智文化事業股份有限公司獲得，並由國內學有專精的人來負責此套叢書的翻譯工作，希望此套叢書的出版，能爲國人修習有關家庭課程提供一套參考用書，更冀望此套叢書能帶給國內實際推展家庭服務的實務工作人員提供一些觀念的參考，願此套書能造福全天下的家庭，祝你們家庭幸福，快樂美滿。

郭靜晃

張　序

　　在家庭研究領域中，婚姻、父母角色、工作都是探討的
重點項目。但是在社會快速的變遷下，家庭人口的縮減使得
核心家庭、雙生涯家庭為現今的主要家庭結構；女權主義的
升起，打破了傳統兩性的刻板角色，也使得兩性在為人父母
及工作職場方面的角色必須重新加以分配。

　　本人很榮幸在Sage Publishing Company出版一系列
的家庭叢書中翻譯Patricia　Voydanoff的著作*Work　and
Family Life*一書。作者針對家庭進行多年的研究，以豐富的
研究結果作為本書引證的依據，並以深入淺出的寫作方式，
清楚地告知讀者作者所持的觀點。在本書中，對於現今家庭
中兩性角色的轉變有極大篇幅的探討，可以讓現代人重新界
定在家庭中的定位，掙脫傳統角色的迷思與牽絆，並學習新
的角色職責，讓家庭的功能能再次發揮。

　　謝謝揚智文化事業有限公司的葉忠賢先生以及中國文化
大學青少年兒童福利學系郭靜晃教授給予我這次學習的機
會，讓我在翻譯的過程中受益匪淺；也謝謝孟玫及惠君姐的

協助謄稿，使得翻譯可以順利完成。

　　誠摯希望這幾本書可以引導大家對於家庭重新省思，以使各位能經營幸福美滿的家庭。

　　　　　　　　　　　　　　　　　張惠芬　謹誌

郭 序

　　在翻譯《工作與家庭》（*Work and Family Life*）一書的過程中，內心有很多的感觸。作者對於工作與家庭間之關聯性，以其深入淺出的筆法來陳述其間的複雜關係。作者在書中所提出的種種現象與事實，由於台灣社會的變遷迅速，目前我們也正面臨著同樣的問題。

　　本書內容不但包括了理論基礎、研究數據，而且有個案的真實陳述。易於幫助讀者了解工作與家庭之間的複雜性。另外，本書對於雙生涯家庭也有深入的描述。對於傳統女性角色——在家中照顧老人、小孩和掌管家務等變遷到職業婦女的多重角色——母親、太太、受僱之工作者的過程，有極精闢之論述。職業婦女所承受之壓力對身心健康和家庭生活品質之影響也有極精彩的描述。

　　最後，對於「工作與家庭」之相關議題有興趣的讀者而言，本書將是您最好的參考書籍，也是一本極佳的研究書籍。本書不僅適合於初學者，也適合於專業人士。其中，倘若有翻譯疏陋之處，企盼學者先進不吝指正。

郭妙雪　謹誌

目錄

第一章
緒論

　　在我們的生活中，我們大部分同時是工作者、配偶也是父母。我們總是同時扮演三種角色。很多的教科書集中在活動、認同、期望、與他人的關係和身為一個工作者所相關的責任上；其它的教科書則提及有關為人配偶或父母的問題。但是很少教科書同時檢驗工作與家庭而來決定兩者如何重疊和互相影響。最近的一些家庭教科書包括一章論及工作和家庭生活，但所含蓋之面非常有限。論述工作和職業的教科書尚未提及工作和家庭的問題。這本書是為了彌補這個鴻溝而設計，處理在工作與家庭角色中之複雜內在關係。

　　當我們考慮到一般人所持有的觀點，認為工作和家庭生活是分開的活動領域，那麼教科書缺乏對於工作和家庭之間內在相倚性之注意力，也就不足為奇了。工作和家庭生活彼此是交互運作的觀念乃是由Rosabeth Kanter (1977b) 所提出，他是第一位檢驗工作／家庭問題的社會學家。在「分離世界的神話」 (myth of separate worlds) 中，分離世界的神話乃是傳統的清教徒倫理與工業化聯結之性別角色意

識的產物 (The myth of separate worlds is a product of the traditional Protestant Ethic and sex-role ideology associated with industrialization.) 。清敎徒倫理包括期望工作的個體需專注於行動如同他們沒有其它的承諾或興趣 (Kanter, 1977b)。很多人包括專業人士、經理和藍領階級的人確實否定他們的工作與家庭生活問題的關聯，以支持專一工作之原則 (Kanter, 1977b; Piotrkowski, 1979)。根據傳統的性別角色意識型態，男人主外賺取麵包養家，女人則扮演太太和母親的角色主內持家。這種意識型態和專一的原則支持了家庭將適應於與男人工作有關之經濟獎賞和情境的生活型態之假設。

目前廣泛影響家庭的改變已經對分離世界的神話挑戰。結構性的失業和頻率增加及嚴重的經濟蕭條，影響家庭的品質和穩定性極深。雙薪與單親家庭所經驗到的家庭緊張和衝突與家庭成員增加時更加明顯。這些改變已經顯露分離世界的神話內在所假設的弱點，且已闡明工作和家庭之關聯性。

近年來再辨認這些連接，引致社會學家廣泛的檢驗工作與家庭的關聯。這些研究大部分在本書有評論。很清楚記載著工作和家庭間的相倚性。然而本書的出版不是在於是否工作和家庭之間的關聯性，而是此關聯性的本質和他們對於個人、家庭、工作組織和社會的隱含意義。本書整合了我們對於工作和家庭間相倚性的認識，並期望增進我們對於兩者間關聯性和隱含意義的更深入了解。

工作／家庭之關聯性

有兩種一般研究法被使用來探討工作與家庭間之關聯性。第一種方法是研究直接效果即檢驗工作對於家庭生活的影響或家庭特質對於工作的影響。第二種方法是觀察不同層面的工作和家庭聯結如何影響家庭生活。

工作對於家庭生活的直接影響

直接影響的研究大部分集中在記載有關工作對家庭生活的衝擊。工作的兩個主要方面對於家庭有直接影響：(1)工作所得之經濟酬賞程度；(2)執行一工作之情境。

經濟酬賞對於家庭生活的影響被視為兩種方式。大部分的研究根基於越高的所得和職業成功，則家庭品質越高之假設。然而Joan Aldous, Marie Osmond, Mary Hicks (1979) 則假設婚姻快樂係存在於先生的職業上有中等成就的家庭裏，而婚姻關係的較不滿足則常常發生在先生的事業有較高或較低之成就的家庭。當男人非常成功時，由於需要非常的努力和投入工作，或會有困難執行在家中的角色，而成就較低的男人則沒有足夠的資源來養家。無論關係的特殊本質如何，家庭生活的水準和很多的價值均與家中成員的收入所得能力有很強的相關。

執行一項工作所關聯的很多條件也會影響到家庭生活。

這些影響或許是來自於工作對於家庭的「溢出物」（spil-lover）可能是正面或是負面的。正面的影響是含蓋在工作上所得的滿足和刺激之擴散到在家庭中之滿足和充沛的精力。而負面影響則會因為在工作上所遭受的困境而產生的困難沮喪，致使得個體無法有效的參與家庭生活。

工作角色特徵不同造成了正面與負面的溢出物。中等程度的工作特質和工作之心理投入如工作滿足感、豐富工作要求、和自主性等，一般而言均對家庭生活有正面的影響。相反的，高階層過度投入工作則與無法參與家庭生活和其它負面影響有關聯。

其它的工作特質同時亦會對家庭生活品質有所影響，例如當需要工作者去調適一些工作需求和限制時會對家庭生活品質產生負面的影響；這些包括了工作的時數、工作時間的安排和工作要求等。很多人必須在特殊地點、時間工作。這些要求則會影響到個人與家庭的相聚與聯繫。此外，如體力上和心智上的努力、角色的混淆和衝突、時間或工作品質壓力也會帶到家庭中。高度的工作要求會引發負面的溢出物。

家庭生活對工作之直接影響

雖然這種衝擊可能較不明顯，但家庭生活對於工作仍有很重要的影響。這些影響是從兩個主要來源所衍生的：(1)家庭責任對於勞力參與的影響；(2)與不同家庭結構關聯的要求如：雙薪家庭、單親家庭和家中有幼兒需要孕育的家庭。

家庭責任給男人和女人在勞力參與和工作執行提供了一

個很重要的動機。因為很多男人視經濟提供者為自己之首要家庭角色，故擁有一適當工作是非常重要的。此外，很多男人半夜工作或自動加班以提供家庭之經濟需要。女人勞力參與的延長與時間在生活過程中是依據經濟需要，受限於先生的工作和家庭循環階段而改變。

家庭的結構也會影響到工作者難於達到工作要求的程度。雙薪家庭的成員、單親家庭和家中有需要額外照顧之年幼小孩或其他的受撫養者（如老人）之家庭等可能經驗某些的困難。這些困難是需要工作和家庭責任之相關要求的協調。

聯合影響：工作／家庭交互層面

第二個對於工作／家庭交互層面聯合影響效果：主要研究方法是集中在工作和家庭生活方面之共同內在相倚性（mutual interdependence）。這種內在相倚性在兩種程度運作上即為經濟和個人。經濟包括兩個市場：生產市場和勞工市場（Schervish, 1985）。生產市場生產貨品和服務。家庭乃經由消費而製造對貨品與服務之需求。這些花費產生可能是經由生產活動而賺取。經由勞力市場而提供工作給家庭成員。勞力提供給家庭經濟是藉由薪資和其他的福利。家庭負責他的成員進入勞力市場時所具有之基本技巧和執行工作所需之動機。私營公司需要在某段時間和某地點應用勞力之需求時，家庭成員是被預期做很大的調適去配合的。

在個人程度，工作和家庭之間的內在相倚性可以藉由以

下三種方式來檢驗複雜角色的執行而被了解。第一，在經濟層面的關聯可經由工作賺錢者的角色來更具體的表達 (Rodman and Safilios-Rothschild, 1983)。這種觀念乃藉由強調個人執行兩種角色——經濟中的工作者和家庭中的賺錢者使得經濟和家庭之間的關聯性更加明顯。在工作者角色中，個人生產貨品和服務；從這些產品所賺取的金錢用以支持家庭。職業的型態和收入總數關聯到家庭生活型態和家庭的社會地位。

第二，檢驗工作角色特徵和身為配偶或父母的聯合影響將提供對家庭生活更深入的了解。而非僅觀察工作特徵的影響。例如：工作時間總量和時間安排對於家庭生活中之工作／家庭衝突有很廣泛的影響。工作／家庭衝突在單親家庭和家中有年幼小孩之家庭成員也較高。

最後，先生和太太聯合的工作特質影響到家庭生活的本質和品質。這些聯合特質包括：夫妻的相對社經成就、工作有關的地理遷移之需求、工作上的相對要求與投入、工作時間的總量和時間安排。夫妻如何協調有關於家中有雙薪的聯合需求或對於家庭生活之聯合需求之影響很少被了解。

性別角色和工作／家庭的關聯性

工作和家庭間的內在相倚性是和性別角色的期望和責任有密切的關係。傳統的觀念認為男人是供應者，而女人是家庭主婦，這個觀念強化了分離世界的神話。這個神話也為工作乃定義為戶外執行工作而受薪之限制所支持。在家工作而不受薪通常為女人所為，而此經常被視為家庭生活的一部分且不是經濟生產貢獻事項。這個觀念已經反映在社會科學的文獻中，即工作的研究集中在男人，而家庭方面的研究則集中在女人。失業在男人中被認為是一個問題，而工作則在女人中被視為問題 (Feldberg and Glenn, 1979)。

家庭凝聚力的交易模式

　　北卡羅那大學社會學家John Scanzoni (1970) 發展出工作和家庭的聯合效果對家庭凝聚力的性別——基準模式。他從互惠的遠景和權利與義務的交易來研究家庭凝聚力。夫妻交換權利和義務有兩個層面：一為工具性層面，即經濟提供和做家事；另一層面為表達層面，即陪伴、同情和情愛。在單薪家庭中，工具性交易涉及先生提供收入而太太照顧家務和小孩。工具性層面交易的滿足導致表達層面的交易。共同表達行為的執行與婚姻快樂滿足有關。這種滿足增加繼續交易的動機而導致穩定性、團結和凝聚力。

　　Scanzoni (1982) 建議雙薪家庭也許比單薪家庭更具凝聚力，因為雙薪家庭中太太的工作提供夫妻間工具性的交易之額外機會。這種交易與太太在外工作而先生需執行家務而增加表達性的交易之動機有關聯，而其結果將增加婚姻凝聚力。

　　這種分析對Talcott Parsons (1949, 1955) 的早期假

設挑戰。他認為太太工作降低家庭凝聚力，因為其阻撓了傳統夫妻間角色的區分。根據Parsons的觀點，角色區分即先生執行工具性角色——在外工作，而太太執行表達性角色——在家處理家務可以避免夫妻間的競爭與增加凝聚力。究竟在何種情境下兩種論點被支持，將有賴於更多的研究。例如：具有傳統性別角色標準的家庭中若夫妻執行不同的工具性職務也許會較有凝聚力。

　　Scanzoni的假設：太太出外工作將會使得先生增加參與家務工作和照顧小孩，而此假設亦無法被解答。當婦女增加在外工作時，她們已開始分擔傳統男性提供者角色的職務與責任。但是男人並沒有像女人接受男人職務般的接受女人的家務，這種不對稱情境也許會限制了表達性交易的發展，且與Scanzoni之假設相左。

工作、家庭和社區

　　婦女工作和單親家庭的增加製造出很多家庭沒有全時間在家的成人。因此很多女人比較無法有空去做傳統的工作，包括照顧小孩、年老父母、提供社會支持和社區不支薪工作等。雖然大部分這些事被認為與家庭生活有關，但對廣大社區亦具有很重要隱含的意義。很多鄰里、社區和教會利用義務工作者盡力幫助有需要的人。由於雙薪家庭和單親家庭數目的增加，使得以社區為基準的計畫，如照顧小孩、失能或年老者有增加的趨勢。同時發現縱使亦有很多男女盡力去維持他們對於社區的承諾，但是擔任義工的男女數仍有下降的趨勢。

本書計畫

工作和家庭生活之改變型態伴隨著益處與限制。本書檢驗這些益處和限制並討論在現今社會中他們對個人、家庭和工作組織的隱含意義。

接下來三章集中於討論在工作角色和家庭生活主要因素間的關係。第二章檢驗家庭生活的經濟基礎和男女對於家庭經濟情境的主要貢獻；另外，工作賺錢者對家庭生活多種層面的影響則在第三章討論。第四章觀察與執行工作有關的特質及其對家庭的影響。

最後兩章從期望、責任、認同和酬勞等領域該如何彼此協調的角度，來考察工作和家庭的內在相倚性。第五章檢驗在生活的過程中個體和家庭以什麼方式來協調工作和家庭的角色。有些經濟政策的型態和對工作／家庭角色協調的家庭主體之人事政策會在第六章討論。

問題討論

*1.*什麼是專一的原則？

*2.*那些是工作對家庭生活的直接影響或家庭生活對工作

的直接影響？

3. 傳統的性別角色如何強化分離世界的神話？

4. 太太出外工作有助於或有害於家庭生活？

建議作業

1. 在你的生長的環境檢驗工作與家庭環境之間的關係。你的家如何從出外工作的家庭成員得到益處？你和其他的家人的工作型態對家庭有那些不好的影響？

2. 主持一個學生調查，當他們結婚時，他們所預期的工作和家庭責任將會如何？而男人與女人的期望如何不同？

第二章
家庭的經濟幸福感

在本章我們會在工作者——賺錢者角色的情境下討論家庭的經濟幸福感。一些男女的工作者——賺錢者角色的層面會被加以描述，其包括參與勞力、對勞力的依附、工作成果、職業上的分離和收入、夫妻對家庭收入的相對貢獻。接下去討論由執行工作者——賺錢者角色所經歷的工作與收入相關的問題。最後我們檢驗一些家庭成員的不付薪貢獻對家庭幸福感的影響。

經濟提供的家庭責任

家庭的主要功能之一是提供他的成員基本的衣食。此外，家人預期獲得衣食程度之外的經濟資源。家庭經濟幸福感仰賴：(1)賺錢人員的總數和家庭的總收入；(2)家庭的需要決定於家庭的大小和組織。

家庭責任中的經濟提供對於家庭的組成和家庭生活的穩

定性以及品質有很重要的隱含意義。夫妻經常協調他們的結婚和事業準備時間,且他們常等到能養活自己才結婚。年輕人剛就業時需要長期的訓練,而且他們的工作常是不穩定的低薪工作。當很多人在這種年紀結婚,時常發現很難養活自己。在某些個案中,像一些剛就業還需要長期訓練的人(如醫生、律師和大學教師),或是還在學校就結婚者經常需要父母或配偶的支持。某些低收入年輕人早結婚是由於懷孕之故;而延遲結婚乃因工作不穩定所致。而在低收入年輕人中的這類婚姻是相當不穩定的。

對於穩定性和凝聚力而言,最低程度的經濟收入是需要的 (Cherlin, 1979; Furstenberg, 1974; Rodman, 1971)。但是沒有穩定家庭生活的人會缺乏家庭所能提供的動機和鼓勵。缺乏家庭穩定性可能會強化經常性或長期性沒有工作所造成的影響 (Liebow, 1967)。這些關係會造成工作的不穩定而增加家庭不穩定性或反之亦然的惡性循環。

一旦一個家庭達到基本的經濟要求標準時,滿足的主觀知覺變得相當的重要,進而決定快樂、凝聚力以及穩定性 (Oppenheimer, 1982; Scanzoni, 1970)。某些不是必需品的事物同樣對家庭滿足和快樂具有重大的意義,如擁有兩部車、小孩上音樂課、夏令小木屋度假等。很多研究記載著高收入(但最高收入除外)與最高的婚姻快樂、調適和滿足及較低比率的婚姻破裂和離婚有關聯。家庭收入的水準決定了家庭的生活水準和提供家人所需的資源和機會。家庭的收入是社經地位的主要決定因子。其廣泛的影響到在社區的家庭

生活型態和地位。此外，高收入和高社經地位的家庭，其小
孩一般有較高的教育抱負和成就，且較會進入具較技術性和
有聲望的職業。

男女的工作者──賺錢者角色

　　家人一般經由工作而賺錢來提供家庭的經濟資源，亦即
經由執行工作者──賺錢者的角色來獲取家庭的經濟資源。
個體是工作者，經由製造貨品和服務而進入經濟體系，是賺
錢者提供收入而滿足家人的需要。因此，提供家庭經濟資源
對家庭成員出外工作以獲取足夠的薪水是很重要的誘因。雖
然傳統上這個責任主要是男人；但也為大部分女人所認同。

　　很多已婚男士執行工作者──賺錢者角色，除非他們失
能或暫時失業，否則男人通常被期待離開學校後即工作直到
退休。此外，他們被期望於能夠提供家庭足夠的生活水準。
夫妻雙方均視經濟提供者的角色是男人主要的家庭責任
(Cazenave, 1979; Hiller and Philliber, 1986; Hood,
1986)。

　　家庭責任和需要也影響到其他成員的勞力參與。在二十
世紀早期，家庭依據經濟需要和家庭生活循環階段而調整其
他成員參與勞力工作 (Hareven, 1977; Tilly, 1979)。家庭
召集家人到工廠工作，直到家庭全家成員在同一個工廠工作
(Pleck, 1976)。近來，資料記載婦女參與勞力工作的時間

和程度仍與經濟需要和家庭組成有關 (Elder, 1974; Oppen-
heimer, 1982)。此外,小孩的出外短暫工作 (特別是男孩)
則是對1930年代以來,經濟蕭條所導致的經濟剝奪而有的重
大反應 (Elder, 1974)。

雖然工作者——賺錢者的概念被批評爲僅用於概念化和
解釋男人的工作和家庭生活之間的關係中的不同層面以及隱
喻 (Lupri, 1984),但此概念仍適用於出外工作的女性。
George Masnick and Mary Jo Bane (1980) 麻省理工學
院和哈佛的研究者 (MIT and Harvard) 討論與婦女工作
有關的三個革命;首先,婦女已開始參與動力工作;第二,
婦女從事於較長期之職業才剛起步;第三,婦女成爲主要的
家庭貢獻者尙未來臨。基本上,這些內在關聯的婦女工作角
度只是在於去了解婦女在工作者——賺錢者角色的趨勢和型
態。

工作者——賺錢者角色的參與

工作者——賺錢者角色的參與最好的分析方法是檢驗男
女的主要組成因子。這些包括:勞力參與型態、對勞動力的
依附狀況、工作成效、職業區隔和薪資差距,以及家庭收入
的相對貢獻。

勞動力之參與

勞動力 (labor force) 包括工作者和找工作的人。已婚男士在勞動力的比例，自1970年的87%降至1980年的81%。比例下降的原因發生在55歲的男士可得到提早退休的福利和獲得與工作有關的無法工作給付，如此可獲得較好的退休收入。55歲以下有90%仍在工作 (Johnson and Waldman, 1981)。

第二次世界大戰後，已婚婦女出外工作增加得非常快速。在1950年，有23.8%的已婚婦女出外工作；這個百分比在1960年增加到30.5%、1970年增加至40.8%、1985年增加到54.3% (見 表2.1)。1950年和1960年間百分比的增加係由於較年長的已婚婦女進入了勞力市場。1960年間有小孩的年輕已婚婦女開始在外工作 (Fox and Hesse-Biber, 1983)；直到1970年中期，小孩18歲以上的婦女有較高的比例出外工作。自此母親有較高的比例出外工作。1985年，61%出外工作的母親有18歲以下的小孩，而只有48.2%的太太沒有年幼的小孩 (參考表2.1)。

其它數字記載著，在過去15年間母親參與勞動力有驚人的增加速度；已婚母親參與勞力的百分比從1970年的40%增加到1984年的59%。離婚母親的百分比在1970年是76%，而在1984年是79% (Hayghe, 1984)。婦女有學齡前兒童而出外工作的百分比也快速增加。在1985年，53.7%的母親有低於6歲以下的小孩，相較之下，在1970則僅30.3%，在1960年則為18.6% (參照 表2.1)。1970年和1985年間，母親有年幼孩

表 2.1 1950～1985 年已婚婦女參與勞動市場之比例
（以小孩年齡層來加以分類）

年代	總比例	沒有18歲以下的小孩	有18歲以下的小孩		
			總比例	6至17歲	6歲以下
1950	23.8	30.3	18.4	28.3	11.9
1960	30.5	34.7	27.6	39.0	18.6
1970	40.8	42.2	39.8	49.2	30.3
1980	50.2	46.0	54.3	62.0	45.3
1985	54.3	48.2	61.0	68.1	53.7

SOURCES：Hayghe（1986） and Waldman（1983）

童而出外工作的百分比快速成長。婦女有一歲或一歲以下嬰兒，出外工作比例已增加至100％，有兩歲小孩之婦女，增加77％，三歲小孩者，則增加60％。在1985年，婦女育有一歲或一歲以下嬰兒，有49％出外工作；然而當嬰兒兩歲時，54％之婦女有工作或在尋找工作（Hayghe, 1986）。

工作力之依附關係

　　參與勞動力的數據僅僅提供在某個時間內，個體工作或在尋找工作總數之簡短描述；但是，這種簡短描述忽略了其它有關參與勞動力之程度與期限之重要訊息，即勞動力之依附關係。勞動力之依附是指全年之專任工作及繼續一段年數之任職。婦女的勞動力之依附型態比男人更為多變化。

在1977年間，少於二分之一之婦女其年齡介於25歲至54歲之間是全年全職工作；而男人之數據則僅為四分之三 (Masnick and Bane, 1980)。然而，在1977年，婦女全年專任工作之百分比由32%增加至35% (Waldman et al., 1979)。雖然較少擁有小孩的母親會全年專任工作，但其增加的比例相似於具有小孩在年齡層從嬰兒至17歲間之已婚母親 (Masnick and Bane, 1980)。

自1965年後，志願兼任工作者之總數增加頗多。而此增加發生在婦女較多，尤其以已婚婦女和家中有18歲以下的母親為主，其中又以18歲至44歲之婦女為最多。這些婦女中之某些人當小孩在學校時兼任些工作 (Barrett, 1979b)。兼任工作之型態在男人與婦女間不同。1985年，27%的婦女是兼任工作，而男人則僅10%。幾近三分之二的男性在25歲以下或65歲以上是兼任工作者；而女性僅三分之一是屬於此年齡層 (Nardone, 1986)。

非全年工作者或兼任工作者中，男性較女性可能歸因於失業。在1983年，年紀在25歲至44歲之非全年工作的男性被歸因於失業所導致，而僅30%的女性屬之。可相比之數據中，56%之男士與30%之婦女是兼任工作者。這些數據可以婦女的照顧小孩責任及男人較大的專注力在周期性敏感的職業，如建築和耐用貨物製造業來說明之 (Sehgal, 1984)。

相當少的婦女持續他們的完整工作史，由5000個家庭工作史之收入變遷抽樣調查數據中指出，有21％之已婚婦女年齡從18至47歲於1968至1978持續工作。大約44％在10年中工作了7年（Masnick and Bane, 1980）。年輕婦女的間歇性參與勞動市場與生產有密切關係。大部分婦女當其處於生產之歲月時會離開勞動市場一次或更多次。離開期間之總次數與長短乃依孩子的總數和當母親回到工作崗位時最小的小孩年齡而改變。婦女在生產後有較長期間不工作會經驗到較大的工作間斷。當小孩較大時才回到工作崗位之婦女會比當小孩較小時即回去工作的婦女會有較長期間離開勞動市場。

男人和女人的工作生活期望是趨於同一個目標。在1977年，男人一般於16歲即被期望工作38年，而可比較之女人數據爲28年。自1970年起，女人之平均工作生活期間已增加12年，然而男性則仍維持相近之年限。普通男人在其一生中跨入勞動市場三次，而女性則爲4.5次。男人間歇性參與勞動市場較早於女性結止。在25歲時，男人被期望進入勞動市場1.1倍以上，相對於女性而言則爲多加2.7次之進出勞動市場次數（Smith, 1982）。

工作表現

家庭責任會影響工作承諾、表現、勞動力參與和工作依附。一般假設：有家庭的男人會比求婚的男人有較強的工作承諾，工作較努力，且是較穩定的工作者（Hill, 1979）；然而考驗此假設的數據很缺乏。已婚男人較可能超時工作或具有一份以上之工作。此外，男人的工作時間會因家中小孩之數目及最小的小孩年歲而增加（Smith, 1983）。近來的一個研究結果發現到，白領階級且為已婚之男士若是家中唯一的經濟提供者且有小孩會比沒有這些責任的男士較投入於工作中（Gould and Werbel, 1983）。即使是以某些工作者資格為考慮依據時，已婚男士仍比未婚男士賺較多的錢（Hill, 1979）。有利於已婚男士的這些部分區別可歸因於動機和可見到之需要的不同（Bartlett and Callahan, 1984）。

對於工作承諾和工作表現之假設，女人和男人是不同的。已婚女性被視為是比單身女性和男人較不可靠、較不能委身和較差的生產者。然而在性別和結婚狀況中，缺席和人事變動並沒有顯著的差異存在。從運用時間之數據中顯示，女性較男性在工作中花較多時間真實在工作上及費較多心力於工作中（Stafford and Duncan, 1979）。雖然已婚有工作之婦女比他們的先生花較少的時間在有薪的工作上，但若把有薪工作與無薪之家務時間加總，則太太比先生多很多時間。由最近的一項全國性調查數據顯示，1977年，已婚男士若其太太外出工作，則每天平均花10.4小時在工作和家事上，而太太則花12.6小時（Pleck, 1983）。

雖然女人在薪水比例上比男人少的多，但在已婚和未婚女性間並沒有區別（Hill, 1979; Roos, 1983）。此外，相反於一般看法，有較多小孩之婦女比擁有較少小孩之婦女賺錢較多（Hill, 1979）。這些有限的數據建議：家庭責任增加已婚男人工作的時間、收入和工作投入；然而已婚女性比男人工作更努力且和男人及未婚女性一樣可信賴。

職業區隔和薪資差距

男人和女人從事於不同的工作。女性集中在較少種類的職業；大部分不是從事於書記的就是服務性的職業。例如：美容師、女服務生和健康工作人員。在1981年，三分之二以上的女性工作者從事於護士、書記員、教師、圖書館管理員、社會工作者或銷售或服務性職業（Quarm, 1984）。此外，這些是適合女性性別角色的工作；而其它是男性性別角色的工作，例如：工程師、律師、建築工人、郵差、機械師和汽車操作員。當男人從事於較屬於女性之工作時，他們常擁有較高的行政管理職位。譬如：雖然只有少數是男護士，但一半的男護士是處於行政管理的職位（Grimm and Stern, 1974）。其她女性的職業如秘書一職亦僅只有極小機會的進陞。一般而言，男人在他們的工作生涯中易於改善其職業階層，而女性則停留在相似的階層上（Rosenfeld, 1979）。

職業婦女一直賺得比男性為少。在1981年，專職且全年工作的職業婦女的收入中間值是男性的59%，而在1956年則是男性的63%（Barrett, 1979a; Reskin and Hartmann, 1986）。目前的數據指出，兩者間的薪資差距之變化不大。無論如何，百分比是介於60%至67%之間。此外，薪資在工作生涯中的變化就男性而言，於35至54歲有顯著的增加而後稍微的下降。而女性薪資的型態是平坦且高峰在30歲。薪資的變化在已婚和未婚女性並沒有差別（Barrett, 1979a）。研究結果也顯示出，女性比男性獲得較少因額外教育和較高職業地位而獲致的利益（Hudis, 1976; Suter and Miller,

1973)。

雖然某些雇主和婦女們在過去20年來致力於立法，但是薪資的差距仍如此難以處理和持續？密西根大學的研究者研究了5000個家庭的工作和生活史，嘗試著去回答上述的問題(Duncan, 1984)。他們思考出一些相當重要的可能理由。第一，他們評論婦女的低薪資，有多少程度可歸因於低技能和勞動市場之弱依附。結果如後：教育程度、工作經驗、工作連續性、隨時隨地的配合工作、缺席去照顧家庭成員等層面上之差別可說明白種人中女人與男人三分之一的薪資差距和黑種女人與白種男人四分之一的薪資差距。在這些因素中，工作經驗之多寡具最大顯著差異。

既然在男人與女人的基本資格上仍有薪資差距上不能解釋的大部分原因，研究人員因而轉為探討另外兩個可能的理由：社會化和就業市場的變遷。在此假設，婦女因在社會化過程中被激勵於去從事較低薪資、女性化的工作，而這類工作所得少且獲得較少的支持。不論是女性的職業或發展趨勢，婦女賺得比男人少是明顯存在於典型的男性與女性的職業中。

雖然男人較可能經由與他人聯繫而獲得工作，然而此種網絡的優勢卻不能使其賺得較多的錢。另外，男人的高薪資是與其所能擁有的權威地位和在職訓練之期間有關；因此若想要減少薪資的差距，便必須致力於改善婦女工作者之技術、態度和強調就業市場之結構成分，如雇用及晉升政策等之外的事項。

家庭收入之相對貢獻

很多婦女出外工作是因爲在雙薪家庭中需要有額外的收入，或他們是家中唯一的經濟提供者。三分之二的職業婦女是單身、離婚、守寡、分居或先生每年所賺的錢少於10,000美金。1984年，二分之一以上的職業太太的先生每年所賺的錢少於20000美金（Mortimer and Sorensen, 1984）。

雙薪家庭比傳統的家庭僅先生工作的單薪家庭有較高的收入。在1978年，雙薪家庭薪資的中間值是22,730美金而單薪家庭則爲18,990美金。婦女所貢獻超過其所顯示出來的，因爲雙薪家庭中之男士所賺的錢比單薪家庭中之男士爲少——14,900美金與16,000美金。1978年，5.5%的傳統單薪家庭是低於貧民界線，而相較下，雙薪家庭則爲1.8%（Hayghe, 1981）。在1980年，此差距較大，7.2%的單薪家庭是貧窮的而雙薪家庭則爲2.1%（Hayghe, 1982）。

縱使男人與女人有薪資差距，但女人對家庭的總收入具有頗大的貢獻。在1981年，職業婦女貢獻於家中的收入平均爲26.7%（Reskin and Hartmann, 1986）。貢獻百分比之不同乃在於所從事之工作不同。在1978年，全年專職的職業婦女賺取40%的家庭收入；而專職但工作27至49個星期者則賺取30%之家庭收入；專職但工作半年或兼任1至52個星期的職業婦女則貢獻約11%之家庭收入（Johnson, 1980）。

太太之薪資對家庭經濟情況之效果端賴先生所賺之多寡而定。Valerie Oppenheimer（1982）提出建議，太太的薪資也許可使先生提昇其職業性之移動，因其總收入可相比於一個高薪的職業。職業婦女之先生若有較高的收入則可以改善家庭的經濟地位。但無論如何,當先生擁有高收入時,大部分婦女所賺取的收入並不能明顯的改善其家庭經濟地位(Coser, 1985)。此外,當先生的收入較低時,太太的收入主要是用於維持家庭的基本需求而非用於改善家庭之相對經濟地位(Paulson, 1982)。

在1984年,有18歲以下小孩之家庭中,20%是單親在維持一個家庭,其中88%是婦女在掌管家。在1983年,婦女掌家中,60%是處低於貧民水準,而相對的,男人掌家僅26%處於此境地(Norton and Glick, 1986)。

婦女掌家處於高比例的貧窮水準是與其所從事之工作與所賺水準有關。母子結構之家庭不太可能會比雙親家庭中有能賺錢的人。在雙親家庭中有90%以上的家庭有一個以上的工作者,而婦女掌家之家庭僅69%從事於工作(Hayghe, 1984; Norton and Glick, 1986)。在婦女掌家之家庭中亦不太可能有一個以上的賺錢者,但即使婦女掌家之家庭有多人賺錢,其收入亦比其他家庭之總收入為低。在1978年,有職業的母親而且為母子結構之家庭,其平均收入為8900美金,這個收入有40%雙薪家庭和54%父親工作之單親家庭均可達到(Johnson, 1980)。

行使工作者──賺錢者角色之困難

　　對一個隨意觀察者而言，此道理是很明顯的卻並非每個家庭均能爲家庭成員提供一個穩定而安全的經濟基石。而此困難是由兩個主要的因素所組成：(1)勞動市場之限制和賺錢之型態；(2)家庭與家人之特徵，如家庭的大小、組成和賺錢的人數。

經濟之改變

　　美國經濟乃以大量尺般之結構進行著，而其將對勞動市場之大小和結構及收入型態具有長期之效果。目前有一項分析得到下列之結果（Blakely and Shapira, 1984）：私人區域無法提供足夠工作給需要的人。最大的缺點是屬於美國工人最喜歡的高薪製造工作。無法創造足夠的工作之因素是：(1)長期經濟成長之結束將造成1980年間的高失業情況；(2)製造工作的減少；(3)工作地理位置轉移至其它國家或別的區域。在工作總數的提供、所需技術之水準和型態或地理位置上，高科技工業是無法取代基礎製造業。

　　收入獲得型態之變化與下列之趨勢有關：(1)勞動市場朝著高薪和低薪兩極化工作發展，而大部分是增加低薪之服務性工作；(2)新科技工作所創造出來之工作沒有聯合之歷史；(3)在一些聯合工作有薪資讓步的要求和認可；(4)兩級薪資制度之發起即新近低薪職員比老的低薪職員之薪資增加爲慢。

這些年來的經濟改變和蕭條造成高失業情況。自1982秋季失業率從10.7%下降，在過去經濟不景氣之高峰期失業率約爲7%。這些下降大部分是發生在1984年中期；在1984年中期和1986年中期之間，失業率是相當穩定的（Shank and Getz, 1986）。但是這些失業狀況在兩方面是被低估的：(1)沮喪和非己意的兼任工作者被省略；(2)每個月數據提供失業事項之簡短描述。在1983年個別報告某些期間失業之百分比超過每月失業率報告結果的兩倍以上（Sehgal, 1984）。

經濟上的困境

失業率的統計只是給予我們有關經濟改變和蕭條對個人和家庭這一層面的衝擊之描述。一個較廣泛的觀點是考驗經濟的困境，是指在經濟上對個人和家庭產生潛在壓力的概念。主要的因素包括工作不穩定性、工作不確定性、經濟剝奪以及經濟張力（Voydanoff, 1984a）。工作不穩定性和經濟剝奪是相當客觀的因素，其指出在一段時間的工作型態和收入改變。工作不確定性和經濟張力是較主觀的指標，其表示個人所知覺到的工作和經濟情況。

工作不穩定性（employment instability）　工作不穩定性包括了某些向度：工作和失業期間的總數、失業期間的長度、失業程度和職業下降的情況、年青人不能獲得低等職位和強迫提早退休。在1985年6月底，一半的失業者業已離開工作崗位6.5個星期以上；平均失業時間長度是15.5個星期

(Shank, 1985)。兩數據之差別顯示出某些失業者已離開工作更長的時間。具有顯著意義的數據指出一部分的失業者經驗到超過一次以上的失業後轉職（Gordus et al., 1981; Leventman, 1981）。大部分的工作者再被雇用時其工作需要較低層次的技能和／或獲得較低的收入（Gordus et al., 1981; Leventman, 1981; Rayman, 1983）。有510萬的工作者至少工作三年以上，而在1980年至1981年和1982年至1983年間的經濟蕭條期被免職；而大約有310萬的人在1984年1月再被雇用。無論如何，很多人在不同的工業區工作，且約二分之一的人賺得比以前少（Flaim and Sehgal, 1985）。

工作不確定性（employment uncertainty）　工作不確定性是指一個人評論有關失業的開始、期間和恢復後之未來展望。勞動市場結構的改變和經濟蕭條性的失業與高度的工作不確定性有關。而高度的工作不確性存在於工作者與失業者間。很多失業者對再被雇用的前景很沮喪；而很多工作者則擔心可能被炒魷魚及減薪（Buss et al., 1983; Kaufman, 1982; Leventman, 1981）。

經濟剝奪（economic deprivation）　第三個經濟困境是經濟剝奪，包括了沒有能力達到現在的經濟需求和失去一段時間的經濟資源和收入。經濟蕭條性和結構性的失業造成很多人的經濟剝奪。而這些人從前是在一個似乎很安全的工作崗位上。其他人——尤其是少數民族、低技能的年青人和婦女為戶長的家庭——發現更難在一個經濟變化中的情況裡找到一個工作。此外，經濟剝奪所形成的短暫性貧窮乃由於

家庭成員的改變，如喪偶、離婚、失業或生病和失能。很多
持續貧窮的人，如老年人、女人掌家的家庭和非年老的男黑
人，不是因沒有能力工作就是貧窮的工作者，而無法賺取足
夠的錢 (Quncan, 1984)。

　　經濟剝奪的程度與失業有關，而其變化乃依據先前收入
水準、獲取失業保險和其它福利的資格和失業的時間。在1984
年間，已婚配偶的家庭中若一個或一個以上家人經歷失業，
其所得之收入中間值比沒有失業的家庭低了24％。在1984年
間，已婚配偶之家庭中若有某些失業情況發生，則12％之家
庭低於貧窮水準，而沒有失業情況發生的家庭為4％。因失業
而使得婦女掌家的家庭，其收入減少了39％。當家中是由婦
女掌理家庭時，若沒有失業情況發生，則有18％的家庭低於
貧窮線，而相較的數據之中，當家庭中有一人失業則為42％
(Smith, 1986)。

　　經濟張力 (economic strain)　　經濟張力是評量目前的
經濟地位，如知覺到的經濟充足、經濟的擔憂與考慮、個人
經濟情境改變的適應和個人所計畫的經濟情境。由研究已婚
配偶的經濟張力中發現，經濟張力與低收入家庭有很強的關
聯，而與先生的失業有中度的相關 (Voydanoff and Don-
nelly, 1986b)。

生命週期困境

　　並非所有的家庭都會經歷相同程度的經濟困境，其乃依
據婚姻狀況、工作者地位、小孩的總數和年紀而改變。個人

失業的數據透露出家庭中的失業型態。1982年間，有32%的美國家庭中會有一個或一個以上的成員是失業的，另有22%的家庭經歷到減少工作時間或減少帶回家作的工作的給付 (Harris, 1982)。1983年，失業率有5.5%是已婚男士，6.0%是已婚女性，10.5%是女性掌理家庭者。已婚女性的失業率比已婚男性的失業率高很多，原因是男人比女人易被雇用於循環性的工業機構，這種差距在經濟蕭條期間縮小 (Klein, 1983)。1983年，33%經歷失業的家庭中沒有一人工作。在失業太太中，20%家中沒有其他人工作，45%是已婚男人家庭，和80%是失業婦女掌家 (Devens et al., 1985)。在1975年經濟蕭條期間，婦女掌家和家中有6歲以下的小孩較可能失業15個星期或更久 (Moen, 1979)。婦女掌家若經歷失業較不可能獲得失業保險金，較可能得到糧票和社會救濟金，且較會處於貧窮狀態 (Schlozman, 1979)。

　　生命週期困境 (the life-cycle squeeze) 的概念提供了在收入、家庭大小和家庭週期階段間之交互作用下所決定的收入充足感之額外啟示。生命週期困境是指在一段期間內家庭的經濟需要和渴望是相對的大於它的資源。Oppenheimer (1982) 引證兩次生命週期困境階段是在先生收入無法滿足家庭生活型態的渴望時。這些期間是成年早期，當時因為夫妻正式建立家庭和養育小孩且先生所賺較少，另一時期是成年晚期，為養育子女花費的高峰且有青少年孩子而所增加的薪資並不能達到所需的水準。早期的生命週期困境在專業人士中較為嚴重，因為成年早期的收入較低；而後期的困境則

在藍領階級的職業中有較大的影響，因其所賺的薪水並沒有
比早期增加很多。

無薪貢獻對家庭幸福感之影響

男人對家庭經濟幸福感的主要貢獻乃在於有薪的工作。
他們在家中所參與的無薪家事是指幫助太太處理家務瑣事和
照顧小孩以及處理傳統男性的工作，如修理汽車和屋外環境
的維護。婦女在經濟上的貢獻比較廣泛，包括有薪工作和不
同型態的無薪家事。有些無薪的家庭工作對家庭經濟上的福
祉有直接或間接的貢獻，這些工作包括家事和照顧依賴者，
如小孩、生病和失能的家庭成員、年老雙親，另外，尚有太
太參與先生的工作和經營有限的資源。

家事和依賴者的照顧

婦女對家庭經濟上幸福感的主要貢獻是家庭的事務，亦
即家事和照顧依賴者。雖然家事的本質隨著科技發展而改
變，但家事仍是一件很費時的活動。在1966年，全職主婦和
在1926年所花在家務上的時間是一樣的，約每星期55個小
時。職業婦女們則每星期約花26個小時在家事上（Vanek,
1974）。這些工作包括一系列的活動，包括準備食物、清掃
和維持屋內整潔、洗衣和燙衣、買東西和經營性的工作和照
顧家庭成員（其中亦包含小孩）。婦女比男人做更多的家事

和花更多的時間在家務上（Miller and Garrison, 1982）。婦女也認爲小孩身體方面的照顧和社會化、照顧年老父母和生病的家人是她們主要的責任。在1977年，研究數據首次顯示出職業婦女的先生比非職業婦女的先生花較多的時間在家事和照顧小孩事件上。時間上的差距是每星期在家事上是1.8個小時和每星期在照顧小孩是2.7個小時。縱然有這些改變，但是職業先生仍僅花職業太太一半的時間在家事上，和三分之二的時間在照顧小孩的工作上（Pleck, 1979）。

由於不被包括在傳統的經濟生產的測量上，因此家庭工作在經濟價值上是很難被評估的。兩種評量的方式包括：(1)換置物品的花費，若沒有家人做此一工作，則必須花錢雇人來做；(2)機會花費，若婦女沒有留在家裏做家裏的工作，則她們亦可以有收入。目前一個研究估計，每年的家庭換置費用總值超過7500億美金，此值是以1976美金值計算；而每年機會費用總值超過½兆美金（Peskin, 1982）。雖然這些數據是依據人爲假設而估計的，但它們說明了家庭工作對家庭經濟福祉的重要性。

太太參與先生的工作

很多專業人士和經理夫人藉由成爲生意合夥、處理家事、養育小孩、參加與工作有關的社會性責任和經由社區志工製造生意接觸等方式來參與先生的事業。這種參與被視爲是兩人的事業，即一種職業中太太的職責是界定妥善且其是先生職業角色中的重要部分（Papanek, 1973）。適合兩人事業模式的職業包括商業管理者、政治家、牧師、老板、軍人、外交官。太太參與先生的工作在下列的情境中最為普遍：當先生在家工作或把家當作商業目的使用時；當住在機構性的環境裏時；或當太太在身旁工作或以先生的代理人身分出現時 (Finch, 1983)。這種幫助替先生提供了事業的優勢，而且為家庭建立了地位以及聲望 (Coser, 1985; Papanek, 1979)。

許多女人由於參與先生的事業，所以就不能出外工作，因此她們會浪費一些機會。兩人事業的發展在某些層面上也會限制太太參與勞動市場：事業成功的先生所獲得的經濟報償。地理性移動、太太時間上的要求，無法做有效的時間管理 (Mortimer et al., 1978)。由於先生在兩人事業所獲得的高收入報償，和由於太太參與兩人事業所得到的經濟上和地位上的利益，結果造成太太無法親自外出工作。如此一來，也就減低太太對家庭經濟和地位的實質貢獻。

經營有限的資源

很多婦女經營家中有限的經濟資源。Lillian Rubin的著名研究《痛苦的世界》(*Worlds of Pain*, 1976)，記載著工人階級的太太之責任是努力善用先生和家人所賺取之適度的金錢。這其中有很多太太收到先生部分的錢去支付所有家庭的支出。這些婦女發展有創意性的方式去縮減支出和以有限的收入養育小孩。

但是，當收入高到可以有彈性消費時，男人經常認為有責任經營家庭的金錢。如Rubin的一位男性受試者說：

> 從前她處理金錢事件，那時那是件很棘手而艱辛
> 的事，而我不需花時間在這件事上，但現在，家中
> 比較有錢，且對於什麼東西需要買、什麼時候買均
> 需做決定，所以現在由我來掌管金錢之事〔Rubin,
> 1976: 108〕。

他的太太看法是：

> 現在我們的經濟情況較好，他掌管金錢。當我們
> 那時錢不夠時，他樂意讓我來掌管，如此他就不必
> 擔心什麼帳單要付。一旦較有錢，他開始要求全時
> 間掌管〔Rubin, 1976: 108〕。

此外，低收入婦女對小孩有完全責任，她們經營非常有
限的資源，經由親戚間互換網路的策略來彌補家用。人類學
家Carol Stack（1974）描述：這些婦女發展出彼此互換關
係以做為經濟生存的手段。這些網路延伸超過家庭並包括親
戚和朋友。物品、金錢和超時的服務使婦女在需要時可以取
得。Stack提供下列有關的交換例子：

> Cecil（35）和他的媽媽Willie Mae、大姐和她的
> 兩個小孩及小弟住在一棟公寓中。Cecil的妹妹Lily
> 和她母親的妹妹Bessie住在一起。Bessie有3個小孩
> 而Lily有2個。Cecil和他的母親在咖啡店有一份兼

差，而Lily的小孩需要幫助。1970年7月，Cecil和他的母親才剛湊夠錢付房租。Lily付她的水電費，但她沒有足夠的錢買糧票。Cecil和Willie Mae知道當他們付完房租後即沒有錢買食物，他們幫助Lily買糧票，且一起吃飯直到兩星期後Willie Mae拿到薪水。一星期後，Lily收到ADC支票而Bessie從她的男朋友那裏得到一些錢。她們給Cecil和Willie Mae一些錢去付房租，也給Willie Mae錢去付保險，且花了一小部分錢在本地家具店買了一組家具放在客廳。Willie Mae禮尚往來，買衣服給Bessie和Lily的女兒，且當Bessie獲得一個暫時性的工作時，幫忙照顧全部的小孩〔Stack, 1974: 37〕。

這個研究記載著某些婦女掌家時所面臨的嚴重的經濟問題，且闡述如何運用創意性的克服策略來應付這些困難。無論如何，這些策略限制了某些婦女向上層階級移動。當網路中的成員獲得額外的資源後，她被預期與需要的人分享此資源而非利用它去改善自己的經濟地位。

摘要

家庭是經濟單位有支持其成員的責任。家庭成員經常以扮演工作者——賺錢者的角色來達成支撐家庭的責任。他們在物品的生產或服務等機構提供技術以換取金錢。男人的主要家庭責任是扮演工作者——賺錢者的角色；但是，近年來有較多的婦女和母親進入勞動市場。雖然，很多婦女在性別區別的工作崗位上比男人賺的少，但她們對家庭的經濟貢獻仍是很大的，婦女們經由具經濟價值的無薪工作，如：家事和照顧小孩、參與先生的工作和經營有限的資源，來對她們家庭的經濟福祉做貢獻。經濟的改變和收入不足以維持生計將造成很多家庭在經濟上的困境。

問題討論

1. 什麼樣的經濟因素會影響結婚的時間？
2. 工作者——賺錢者的角色之意義為何？現代社會中男性與女性在角色的扮演上有何差別？
3. 過去一世紀中，工作者——賺錢者角色是如何改變？
4. 試比較男人和女人的工作型態？他們是如何不同？
5. 在雙薪家庭中，男人和女人對家庭的經濟貢獻如何？
6. 經濟困境的主要層面是什麼？它們如何相互關聯？

建議作業

1. 追溯你的家庭在過去世代中的工作參與。你的雙親、

祖父母，若可能連同曾祖父母大約在什麼時候工作和
離職。試比較他們的事業和同時代的國內趨勢？

2. 分別訪問擁有小孩的已婚夫妻有關每星期他們花在做
家事和照顧小孩的時間？試比較先生和太太的估計
值？那一位花較多的時間在做家事和照顧小孩事件
上？

第三章
工作者——賺錢者角色
和家庭生活

　　本章，我們將探討工作者——賺錢者角色（worker-earner role）對家庭結構及生活品質的影響。我們將檢視丈夫、妻子及單親家庭的工作者——賺錢者角色，及其它家庭特質。這些家庭特質包括：(1)家庭的組成——家庭的形成、穩定性及大小；(2)婚姻關係——婚姻的滿意度、婚姻中的權力關係及家務分工；(3)對小孩的影響——健康與幸福感、兒童發展及兒童教養。本章最後將討論因工作者——賺錢者角色所造成的問題及家庭的因應之道。

丈夫的工作者——賺錢者角色

　　工作者——賺錢者角色在勞動參與及經濟壓力兩方面，對家庭生活本質及品質有很大的影響。55歲以下的男性90％以上都有工作（見第二章），男性的工作者——賺錢者角色的影響取決於工作的穩定性及經濟壓力——包括工作的不確定性、經濟剝奪及經濟負擔。經濟壓力對家庭有廣泛而強烈的影響。

家庭組成

在第二章，我們曾提到工作的穩定程度是家庭組成及穩定性的先決條件。沒有穩定的工作，人們不是無法透過結婚去組織家庭，就是面臨分居或離婚的狀況。除此之外，失業者或收入減少的人必須藉延緩生育小孩、搬進親戚家，或請親戚搬進家中，以便調整家庭組成 (Fox et al., 1982)。

家庭組成也影響經濟壓力對家庭的衝擊。家庭的大小和組成決定家庭中扶養人與受扶養人的比例。舉例而言，有幼兒的家庭在扶養小孩時，經濟收入比較少 (Moen, 1979)。小孩年紀稍大的家庭則可能讓母親或／及青少年工作，以便增加家庭收入 (Elder, 1974)。失業加上經濟困難會增強家庭生命週期中各階段所特有的經濟壓力，例如育有幼兒的夫婦之間 (Estes and Wildensky, 1978)。

婚姻與家庭關係

失業會對個人心理產生負面影響，包括低自尊心、低幸福感及低生活滿意度、沮喪、焦慮及身心壓力 (Cohn, 1978; Farran and Margolis, 1983; Krause and Stryker, 1980; Liem, 1985; Perrucci et al., 1985; Powell and Driscoll, 1973; Warr, 1984)。失業者比就業者沮喪及焦慮；然而，失業的影響不止於此。失業者的妻子也會比較緊張、憂慮、甚至焦慮和沮喪 (Liem, 1985; Root, 1977)。失業亦和較低的婚姻滿意度、較低層次的婚姻調適及溝通、婚姻關係的和諧度有關（Larson, 1984; Liem, 1985; Schlozman, 1979; Voydanoff and Donnelly，即將出版）。一生中只有少數幾次失業經驗與家庭整合有正相關（Siddique, 1981）。

經濟壓力的其它因素也影響婚姻與家庭關係。收入減少與家庭財務爭執以及婚姻的緊張有關（Liker and Elder, 1983）。擔心個人財務狀況的壓力與低婚姻／家庭滿意度有強烈相關（Voydanoff and Donnelly，即將出版）。

失業與其它經濟壓力對婚姻與家庭的影響並不一致。在三〇年代經濟大蕭條時期以及此期之後所做的研究顯示：在失業前家庭系統中的一些特質會影響失業後家庭關係的品質。在經濟大蕭條時期，在失業前，團結以及互動關係較高的家庭，在失業後仍能維持家庭組織。反之，失業前已有問題的家庭，失業後家庭的問題情況會更惡化（Cavan and Ranck, 1938）。整合且有適應力的家庭最能減少因家庭關係改變所帶來的壓力衝擊（Angell, 1936）。Jeffrey Liker 和Glen H. Elder, Jr.（1983）研究指出，一個基礎良好的婚姻關係，可以降低在大蕭條期間經濟衝突對婚姻關係品質的影響。

家庭角色的定義以及家庭中權力分配影響家庭對失業的反應（Bakke, 1940; Komarovsky, 1940; Powell and Driscoll, 1973）。Robert Angell（1936）指出，傳統性角色規範在經濟大蕭條時成為家庭適應力的阻礙。近期的研究顯示，丈夫失業的家庭，傳統角色期望與低婚姻調適、家庭凝聚力、婚姻溝通的品質、婚姻關係的滿意與和諧有關 (Larson, 1984)。失業期間家庭角色權力關係的改變亦與失業前的權力關係有關 (Anderson, 1980; Komarovsky, 1940)。舉例而言，在經濟大蕭條時，失業的丈夫較有可能因經濟需要或恐懼而失去權力，較不可能因爲愛和尊重而失去權力 (Komarovsky, 1940)。

　　丈夫失業而妻子仍在就業，或者妻子因丈夫失業而出外工作的情況，會使雙方關係變得更複雜化。在這種情況下，妻子的收入對家庭的經濟非常重要。在這方面，額外的收入對婚姻與家庭有幫助。然而，丈夫失業時，妻子就業可能會影響家庭中已建立的家務分工。大部分的例子顯示，丈夫並不會因爲不用工作而大幅增加對家務的參與。此外，不論丈夫是否做家事，丈夫與妻子可能會對丈夫在家時間增加而感到不自在。

對兒童的影響。

　　失業及其它經濟壓力對兒童的影響從未被詳細研究過。在經濟大蕭條期間的研究顯示，父親失業家庭中的小孩有權威及紀律的問題。Mirra Komarovsky (1940) 發現父親對青少年子女較不容易維持權威，而對妻子及年紀較小的小孩則比較容易維持權威。父親對青少年子女失去權威的原因包括無法再以金錢做爲控制的工具、父親行爲改變以及青少年開始就業。另一個研究指出紀律的問題包括父親使用強壓權威的情況的增加，還有子女會怨恨父母的賺錢者的角色等

(Bakke, 1940)。

北卡大學社會學家Glen H. Elder, Jr.曾追蹤研究經濟大蕭條期間收入減少對子女的影響。他們發現通常女兒會負擔較多的家事,而兒子則出外工作 (Elder, 1974)。父親的行為會造成複雜的影響。舉例而言,女兒的幸福,特別是比較不具吸引力的女兒,會因父親的拒絕行為而有負面的影響 (Elder et al., 1985)。

最近研究顯示失業父親的小孩,罹患疾病、兒童虐待及嬰兒生亡的發生機率都較高 (Margolis, 1982; Steinberg et al., 1981)。另一研究則指出失業與兒童健康並沒有直接的相關,亦即,失業造成的經濟負擔進一步導致父母親及兒童有健康問題 (Kelly et al., 1985)。在就業狀況不穩定的家庭中,兒童生病的機率較高 (Farran and Margolis, 1983)。其它研究指出父親失業、就業的不確定性、低收入以及經濟負擔與母親察覺子女問題的多少有正相關 (Voydanoff and Donnelly, 1986a)。

從上述研究可知,男性就業的穩定性及其它經濟壓力因素對家庭生活有廣泛且深的影響。下一段,我們將探討女性工作者——賺錢者角色對不同事件的影響。

妻子工作者——賺錢者角色

越來越多已婚婦女及母親進入就業市場,女性在外就業對女性傳統角色及責任之影響也開始受到重視。第一個這方面的研究出現在1950年代末期、1960年代初期。研究重點是母親就業對其子女發展的影響。最近，研究開始注重婦女就業對家庭生活其它方面的影響。大部分的研究著重工作本身，也就是說，他們開始比較職業婦女或是全職的家庭主婦的不同。

參與就業

家庭組成 (family composition)　女性就業與晚婚有關；然而與不婚無關。因此，職業婦女有晚婚的傾向，但和非職業婦女一樣，她們仍會結婚。並無具體證據顯示婦女就業與離婚有關。原因可能是兩種抵消作用——獨立及收入。所謂獨立是指能自給自足的職業婦女較不可能因為經濟因素，或為脫離父母家庭而結婚。此外，已婚婦女若能自給自足，則當婚姻不幸福時，比較可能會採取離婚的方法。至於收入則是指由於職業婦女的收入讓婚姻具有經濟基礎，並增加婦女成為婚姻伴侶的慾望。由於妻子的收入會提昇家庭生活品質，因而減少了離婚的可能性 (Cherlin, 1979; Moore and Hofferth, 1979; Moore and Sawhill, 1984)。

女性就業與家庭大小間存在著複雜的互動關係。婚姻／家庭生活的初期，因生育小孩而減少參與就業；然而隨著小孩逐漸長大，這些因素會逐漸消失。就業開始對生育產生影響，而降低生育率又進一步促成婦女就業 (Cramer, 1980; Felmlee, 1984)。職業婦女及想就業的女性比其她的女性，

計畫少生育小孩 (Moore et al., 1984)。研究發現一個複雜過程,在此過程中,晚婚、延緩生育、高教育程度、低生育率均和就業參與、高社經地位工作及經濟能力有關 (Groat et al., 1976; Hanson, 1983; Hofferth, 1984; Hofferth and Moore, 1979; Smith-Lovin and Tickamyer, 1978)。

婚姻關係、權力以及家務分工 (marital relationships, power and division of labor) 婦女就業對丈夫及妻子的婚姻滿意度並無直接影響。就業婦女的婚姻滿意度與就業狀況的一些因素有關。如果就業婦女具有較高的教育程度,自願就業、非全職就業或得到丈夫的支持時,則就業婦女比一般的家庭主婦擁有較高的婚姻滿意度。反之,若就業婦女收入較低、被迫出外就業或做自己不喜歡的工作,則會有較低的婚姻滿意度 (Moore and Hofferth, 1979; Rallings and Nye, 1979)。

妻子就業對丈夫的婚姻滿意度有複雜的影響。在某些案例中,職業婦女的丈夫比家庭主婦的丈夫對婚姻比較不滿意。這可能是因家庭日常生活受干擾,對家務工作參與的要求,或相對地失去權力及地位。然而,與家庭主婦的丈夫相比,自願就業或非全職就業的職業婦女,她們的丈夫婚姻滿意度較高 (Moore and Hofferth, 1979; Rallings and Nye, 1979)。

職業婦女與家庭主婦比較,職業婦女在家中有較大的權力,尤其是在財務決策方面。這種差異曾被以權力的資源理論來加以解釋。這理論暗示婚姻權力的層次與丈夫及妻子間的相對收入、職業的社會地位、合約及其它社經資源有關。由於職業婦女比全職家庭主婦更能提供較多上述資源，因此她們與丈夫間的相對權力也比較大（Moore and Hofferth, 1979; Rallings and Nye, 1979）。

就職婦女比她們的丈夫負擔更多的家事，雖然平均起來職業婦女的工作時數較少，但她們做家事及工作的總時數比丈夫及全職家庭主婦都多。近年來，丈夫花在做家事及照顧小孩的時間並沒有因為太太外出工作的情形增加多少。然而，由於這種情況普遍存在於就業婦女及家庭主婦家中，所以丈夫做家事與妻子是否就業並沒有關係。職業婦女做家事的時間約是全職家庭主婦時間的一半。由於丈夫及小孩並沒有多花時間做家事，因此就業婦女的家庭花在做家事的總時數比較少。原因包括對家務的標準會較低、較高效率及外人幫忙照顧小孩（Miller and Garrison, 1982; Moore and Hofferth, 1979; Rallings and Nye, 1979; Szinovacz, 1984）。

對兒童的影響（effects on children）　以前，由於擔心婦女就業會有負面作用，因而進行許多研究以便了解母親就業對子女的學業成績、獨立性及性別角色態度的影響。研究一再指出母親就業對子女並無負面影響。一般而言，職業婦女的小孩在學校表現不錯、有高成就動機、相當獨立、有兩性平等的性別角色態度。與婚姻滿意度一樣，小孩幸福與否和母親就業的一些因素有關。如果母親是自願就業、喜歡她們的工作、教養小孩的品質高，則小孩表現優秀。母親就業對子女造成負面影響的情況只有一種，而且至今仍無法解釋：這情況就是中產階級的婦女她們的兒子顯示出有低成就的傾向 (Bronfenbrenner and Crouter, 1982; Hoffman, 1979; Moore and Sawhill, 1984; Moore et al., 1984)。

失業

大部分有關經濟壓力對個人及家庭影響的研究，大多以男性爲樣本。很少研究以已婚婦女失業爲主。這些研究顯示女性失業的反應與男性相似，或失業對女性造成的負面影響比男性少。失業對婦女比較不會造成負面影響的原因包括：經濟負擔較小、對工作較不看重及可以從其它的家庭角色之中獲得滿足 (Cohn, 1978; Jahoda, 1982; Marshall, 1984; Nowak and Snyder, 1984; Shamir, 1985)。最近研究顯示丈夫及妻子失業與男性低婚姻滿意度有關；然而，妻子的低婚姻／家庭滿意度則和丈夫失業有關，與妻子失業無關 (Voydanoff and Donnelly，即將出版)。這些發現顯示妻子失業對丈夫的家庭生活有負面影響，對妻子則沒有這方面的問題。如果要進一步了解妻子失業及其它經濟壓力對家庭生活的影響，我們仍需再做更多的研究探討之。

上述兩部分探討丈夫及妻子工作者——賺錢者角色對家庭生活的影響。接下來，我們將探討單親家庭中工作者——賺錢者角色對家庭生活的影響。

單親家庭的工作者──賺錢者角色

在第二章中，我們曾提到在1984年有18歲以下小孩的家庭中，有20%是單親家庭。從1970年到1984年，這個數字增加了一倍。成長率在白人家庭或黑人家庭都相同。在1970年，有18歲以下小孩的黑人家庭，30%是母親──小孩的單親家庭；到了1984年，數字幾乎增加到50%。而白人家庭的數據則分別是1970年8%、1984年15%（Norton and Glick, 1986）。

女性當家的單親家庭比例一直都很穩定──1970年89%、1984年88%。造成此類單親家庭的主要原因是離婚；1984年，46%的母親──小孩單親家庭是離婚所造成的，未婚媽媽的比例是20%，寡婦則占9%。其餘的則是分居，或已結婚但夫妻兩人並不住在一起。單親媽媽的平均年紀則越來越年輕，可能是未婚媽媽的平均年紀降低，及早婚媽媽高離婚率的結果（Norton and Glick, 1986）。

上述數據顯示在某些特定時間，不同類型單親家庭的數目。但是，實際上一生中曾是單親家庭一份子的人數，恐怕還不止如此。大部分的未婚媽媽仍會結婚，而離婚的父母親也會再婚。美國人口調查局的人口學家Arthur Norton及Paul Glick（1986）估計在1986年出生的小孩，在他們18歲之前，有60%會是單親家庭的一份子。其中，12%是出生於未婚媽媽的單親家庭；40%則是因父母親離婚，有5%的人則因為父母長期分居，2%因為父母親死亡。大部分因為婚姻不幸而造成單親的單親媽媽家庭，其小孩至少會在單親家庭中生活五年。

現在，我們將探討就業及經濟壓力——工作穩定性及經濟貧困對單親家庭小孩及家庭生活的影響。

就業參與

單親家庭中的女性比男性難就業；1984年有88%的單親爸爸、69%的單親媽媽就業。有3歲以下小孩的單親媽媽除外，單親媽媽的就業率比已婚婦女高。小孩年紀較大的媽媽及離婚媽媽的就業率則更高。離婚媽媽比未婚媽媽有較高教育程度，及較多工作經驗（Norton and Glick, 1986）。在1984年，只有一個小孩的單親媽媽家庭有78%有一個人工作賺錢，有四個或以上小孩的家庭，則只有43%有人工作賺錢（Hayghe, 1984）。

就業對單親家庭生活的影響仍不清楚。目前已知的少數研究樣本並不具代表性，通常是中產階級。Sanik和Mauldin（1986）指出就業的單親媽媽比未就業的單親媽媽花在做家事的時間上較少、休閒時間以及照顧自己的時間也偏少；然而，上述的媽媽花在照顧小孩的時間都差不多。另一個研究（Devall et al., 1986）比較了中產階級有青少年小孩的家庭類型及其就業狀況，發現離婚職業婦女的小孩比較少從事戶外活動、朋友比較不會來家裡玩、社交能力較差，但和已婚職業婦女的小孩相比，他們和母親的關係比較親密。在朋友拜訪次數及社交能力的差異方面，可能是由於離婚家庭收入較低造成，與家庭類型無關。至於在家事、朋友數及認知和心理能力方面，則沒有顯著的差異性存在。資料亦指出單親家庭的家長是否就業，會造成少許差異；但是，受到資料本身的限制，這些結果無法做到普遍性結論。

其它研究探討由於沒有丈夫參與家務，單親家庭是否因而較緊張。一研究指出，黑人單親職業婦女的家庭，丈夫的存在與家庭角色壓力沒有關係（Katz and Piotrkowski 1983）。另一研究發現，中產階級就業的已婚母親比單親媽媽每週多花十小時工作及做家事。這種差異主要是因為單親媽媽花在做家事及照顧小孩的時間上比較少。已婚婦女及單親媽媽在與小孩有關的工作／家務管理及角色壓力，或小孩的問題行為各方面，並無顯著的區別；然而，單親媽媽會顯示出較高頻率的沮喪表現，生活滿意度亦較低（Burden, 1986）。由於資料受限，這些研究同樣無法做出具體結論。

就業不穩定

雖然單親家庭的就業率相當高，而這些家庭的經濟壓力也很大。舉例而言，單親媽媽就業穩定性比較低；在1983年，單親媽媽的未就業率是17%，是已婚婦女的兩倍。有學齡前小孩的單親媽媽，有23%未就業，而有學齡期的小孩的單親媽媽，其未就業率則是15%。這些未就業的媽媽，只有9%是與一個有全職工作的親戚共同生活（Johnson and Waldman, 1983)。

就業狀況與單親媽媽家庭的經濟貧困有關。1982年有
88%沒有收入的單親媽媽家庭，過著貧困的生活；然而29%
有收入的家庭，生活也並不寬裕（Johnson and Waldman,
1983)。在1980年，就業的單親媽媽其年收入的中位數，白
人是11900美元，而黑人則是8900美元。而未就業單親媽媽的
收入，則分別是白人5000美元，黑人4400美元（Grossman,
1982)。在1983年，60%的單親媽媽家庭，其生活水準亦在
赤貧的標準之下（Norton and Glick, 1986)。

經濟貧困

一研究詳細探討離婚對女性收入、生活標準，及其子女
的影響指出，離婚後收入會大幅減少，而且在離婚後五年之
內，收入不會大幅增加。高收入家庭，離婚後收入減少的幅
度是最大的，這些家庭收入減少至離婚前的一半，而中收入
家庭則約為離婚前的三分之二，而低收入戶則為四分之三
（Weiss, 1984)。

單親媽媽的家庭收入來源，主要有三種：工作、私人贈
與（如贍養費）及政府補助（如福利及糧食券）。幾乎有三
分之二的低收入分居或離婚的媽媽有工作，而中收入和高收
入的媽媽，有工作的比例則為90%。對有工作收入的人而言，
離婚五年內，這些收入占家庭總收入的三分之二至四分之三
（Weiss, 1984)。

私人贈與，如贍養費、子女教育費及親戚的幫忙，其重

要性與日俱減。高收入家庭，贍養費及子女教育費占收入的比例從40％減少為25％。中收入家庭，其相對數據則分別為25％及11％。然而，對低收入家庭，其數據則無大變化，其比例由20％增加到23％。親戚幫忙較常發生在中、低收入家庭，而且較不會隨時間改變（Weiss, 1984）。

　　四分之三的低收入家庭從社會福利及糧食券方面獲得收入；在分居或離婚的五年內，這些收入占家庭收入的一半以上。四分之一的中收入家庭在第一年接受福利及糧食券；然而，在第五年該數據減少一半，而該項收入占總收入的百分比也由37％減少至22％。高收入家庭則極少需要接受政府補助（Weiss, 1984）。

　　離婚後收入金額及來源的改變也造成消費行為的改變。離婚後五年內，高收入家庭在住的方面的消費較之離婚前大幅減少，然而中、低收入家庭在這方面的花費則沒有多大改變。對這三種家庭而言，住的花費占總收入的絕大部分。在飲食的花費方面，減少程度從20％到40％以上不等，而且在往後五年都保持這種情況。食物花費占總收入的比例，在離婚前後沒有多大改變（Weiss, 1984）。因此，單親媽媽家庭在離婚後，明顯地大幅降低其生活水準，並維持這種狀態（Duncan and Hoffman, 1985; and Weitzman, 1985；請參考上述資料支持此結論）。

經濟壓力對家庭生活的影響

　　跟就業率一樣，單親家庭經濟壓力對家庭生活的影響，我們所知有限。大多數單親家庭的家庭生活研究，並沒有根據經濟狀況而加以區分。然而，最近一個研究則探討了幾個經濟壓力的指標與離婚母親社會情緒適應力兩者之間的關係（Pett and Vaughn Cole, 1986）。高社經地位、收入高而且穩定的受試者，有較高層次的適應。離婚後社經地位的改變，與離婚後的適應並無強烈關係。未來收入穩定性所帶來的安全感，及從工作或私人贈與這些非政府補助的收入與社會情緒適應具有正相關。這些發現支持一項早期的研究。該研究指出單親媽媽家庭的收入多寡與來源，和命運的控制有關（Bould, 1977）。如果女性收入來源穩定而且可靠，則比依靠社會救濟、子女教育金或其它不穩定、不可靠收入的女性，有較高的個人控制。

很多研究比較了單親家庭及雙親家庭的家庭關係及其子女的表現，其它研究則探討離婚對男性、女性及子女的影響。然而，這些研究都將單親家庭視為同質性的一種家庭類型（Gongla, 1982）。研究中也沒有控制經濟壓力的變因，更沒有將經濟因素視為主要變因。這個漏洞造成對研究效度的質疑，因為雙親家庭中經濟壓力是家庭生活結構及品質的重大決定因素之一（Blechman, 1982）。

家庭因應之道

當家庭面對經濟壓力帶來的工作者——賺錢者的問題，

家庭成員通常會採取行動以減輕壓力，或加以因應。因應
（coping）是一種過程，過程中個人和家庭運用各種資源來
滿足經濟壓力的需求。因應的行為包括針對問題採取行動，
及調整與經濟壓力有關的情緒及其意義。因應行為減少經濟
壓力削弱個人及家庭的作用，因應行為包括：家庭就業的努
力（family work effort）、參與非正式經濟（participa-
tion in the informal economy）、家庭財務管理（family
financial management）、觀念因應（definitional cop-
ing）及使用社會支持（social supports）。

家庭就業的努力

　　家庭就業的努力是指家庭成員參與就業的模式，亦即，
那些家庭成員有工作。當主要賺錢者失業或屈就工作時，重
組家庭就業模式可以有效因應失業，並且避免或減少經濟貧
困。當家庭成員失業時，其他人，特別是配偶及青春期的子
女，可能增加他們在工作上的努力。有關工廠關閉的研究顯
示，關廠後，其他家庭成員，通常是配偶，約有20％出外就
業（Rayman, 1983; Root, 1984）。雖然妻子及小孩收入可
能比丈夫少，家庭成員藉重新分配所得而維持接近以往的收
入水準。如果丈夫被視為是失敗的供給者，或家務分工被視
為不公平，則這些改變可能造成緊張和怨恨（Kaufman,
1982; Powell and Driscoll, 1973）。一個近期的報告指出，
數種經濟壓力與家庭就業努力的調整有關；然而，這種調整
通常與男性低婚姻／家庭滿意度有關（Voydanoff and

Donnelly，即將出版）。

非正式經濟

　　非正式經濟包括利用物品或服務來換取現金，或者是以物易物。失業者及未適當就業的人，常使用這種方式來減輕經濟壓力。嗜好或工作上獲得的技術，如縫紉或木工，可用來節省開支或增加額外收入。甚至有因此而在其它行業找到工作的例子。個人和家庭也交換物品及服務，如家用品、兒童照顧及交通接送。和家庭就業一樣，非正式經濟的使用，與經濟壓力及男性低婚姻／家庭滿意度有關（Voydanoff and Donnelly，即將出版）。

財務管理

　　有效的財務管理，如固定列預算及付帳單，對處理經濟壓力非常有效用。此外，經濟壓力通常需要大幅削減花費，雖然削減花費可以有效改善家庭財務狀況，但是在其它個人和家庭的方面並無直接相關。根據最近一項研究（Perrucci et al., 1985）指出，因工廠關閉受波及的員工中，大幅削減花費的人比小幅減少花費的人容易沮喪。另一研究（Nowak and Snyder, 1984）發現，縮減花費與男性及女性的低婚姻滿意度，及家庭緊張度高有關。

觀念因應

　　幾種觀念因應能夠改變經濟壓力的意義，減少其對個人及家庭的影響。有效的對策包括：(1)個人及家庭成員了解大部分的失業是經濟情況所造成的,而不是失業者的錯;(2)家庭對家庭角色有比較彈性的態度,因此失業的丈夫和父親除了工作之外,仍被視爲對家庭有其它貢獻,如做家事及照顧小孩;(3)將失業視爲轉行的挑戰及機會;及(4)不過分重視金錢價值,與他人做正面的比較 (Pearlin et al., 1981; Pearlin and Schooler, 1978) 。

社會支持

使用社會支持因應經濟壓力是一種複雜的過程,其具有幾項重要特質:必須有辦法獲得支持、支持必須能夠使用及支持必須符合使用者的需要。支持的種類包括:實質上的幫助(如金錢、物質及服務)、情緒支持及資訊(如建議及回饋)。支持的來源包括:朋友、親戚、同事、鄰居、自助團體及專業人士。

研究顯示使用社會支持可以減少失業對個人及家庭的負面影響 (Cobb and Kasl, 1977; Gore, 1977) 。一項研究建議,實質上的幫助,如提供尋找工作時的交通接送,比情緒上的支持(如諮商)有用 (Figueria-McDonald, 1978) 。非正式的支持(如家人支持)比較受歡迎,而且與專業人士與機構的支持相比,非正式的支持較常被使用 (Buss and Redburn, 1983; Gore, 1977; Rayman, 1983) 。女性的支持來源比較廣泛,包括朋友及同事;而男性則幾乎只從配偶方面獲得支持 (Rayman, 1983) 。將家庭成員做爲主要支持來源,可能與自立的觀念,及對專業存有刻板印象有關。

摘要

本章說明工作者——賺錢者角色對家庭大小和組成、夫妻關係及子女的廣泛影響。家庭成員就業,及經濟壓力如失業及經濟困難造成這些影響;資料顯示,這些關係因男性、已婚女性及女性單親家庭而有所差異。有關男性的研究著重在經濟壓力,尤其是失業對家庭生活的影響;已婚女性則為研究對象,研究著重在就業對於家庭的影響。有關單親家庭的研究則發現了由女性支撐的家庭經濟問題;然而,這些問題對家庭關係及子女的影響所知不多。本章最後討論個人及家庭面對工作者——賺錢者角色相關問題的因應方法。這些方法包括:家庭工作努力改變、參與非正式經濟、財務管理技巧、觀念因應及使用社會支持。

問題討論

1. 面對經濟壓力造成的問題,家庭組成如何影響其應付能力?
2. 那些因素會增加經濟壓力對家庭的影響?
3. 在那些情況下,妻子就業會增加婚姻滿意度?其是否曾減少婚姻滿意度?

4.丈夫失業與妻子失業對家庭的影響是否不同？

5.解釋並評估幾種家庭對經濟壓力的因應方式。

建議作業

1.針對一個主題，翻閱5年前、10年前、15年前、20年前、及25年前的文章、故事和廣告。你是否發現有關男女就業的觀念有所改變？失業率的觀念是否也有變化？

2.就某些層面來看，住在一起的學生彷如一家人。小心觀察室友對經濟壓力的反應。他們喜歡使用那些因應方式？如果是個傳統家庭，你認為他們會怎麼做？為什麼？

第四章
工作角色的特質與家庭生活

在先前兩章，我們探討家庭的經濟基礎，及工作者——賺錢者角色對家庭生活的影響。在本章，我們將跳開就業本身，進一步探討與工作有關的數種特質，以及這些特質對家庭生活的影響。工作——角色的特質有三大類別，包括：(1)基本特質 (structural characteristics) ，如時間及工作地點；(2)工作的心理特質，如工作要求的壓力、工作態度及本身的工作特質 (如自動及自主) ；及(3)雙薪家庭中，丈夫及妻子的工作角色特質。由於工作——角色的特質因職業而異，在討論中，我們將盡可能將職業列入參考。

在這個領域的研究之中，大部分假設男性的工作角色 (work-role) 特質影響其家庭生活，而女性的家庭會影響女性工作。然而，有關工作——角色特質對家庭生活的影響，大部分的研究都以男性為研究對象。在本章，我們將探討不同職業層級的男性及女性其工作——角色特質對他們家庭生活的影響。

工作的基本特質

最近研究發現幾種工作的基本特質與家庭生活的本質及品質有關。工作方面有兩個重要的層面：時間及空間位置，對家庭生活的影響很大，因爲這兩個因素會決定工作者及其家庭成員在何時、何地可相處在一起，也決定了與家人相處時間的多寡。在這一部分，我們將探討工作的時間量、上下班時間、地理遷移（geographic mobility），工作相關旅行（即出差），並討論這些因素對家庭生活的影響。

工作的時間量

工作時數（number of hours worked）　在1901年，不是從事農業的工作者平均每週工作時數是58.4小時。到了1948年，平均時數減少到每週40.9小時。且此之後，這個數據一直差不多；在1979年，非農業的工作者每週平均工時減少到每週只有38.5小時。這個數據比1968年的39.1小時還少。自第二次世界大戰之後，造成這些小變動的原因是由於服務業的成長及勞力市場的變化，亦即女性和學生大規模投入就業市場（Hedges and Taylor, 1980; Owen, 1976）。

對某些方面的工作者而言，每週工作的時數仍然很多。在1980年，只有一份全職工作的薪水階級中有23%的人每週工作超過40小時；超過40%的經理及農場工作者，以及超過

30％的營業員及運輸業者，他們每週的工作時數皆超過40小時；還有29％的男性及14％的女性，每週工作40小時以上。在這些長時間工作的工作者之中，大部分的女性工作時數在41到48小時之間，而男性的工作時數則超過49小時。

超時工作的程度會因家庭類型而異。已婚男性較未婚男性可能超時工作；而女性的情況則剛好相反；亦即，未婚女性比已婚婦女還常超時工作（Taylor and Sekscenski, 1982）。在近期的研究發現有幼兒的父親比其他的父親較常超時工作。這種現象可能與低收入，及幼兒母親的就業率較低有關（Moen and Moorehouse, 1983）。另一研究發現妻子穩定就業與丈夫減少工作時數有關（Mooney, 1981）。

此外，在有工作的人口中約5％的工作者擁有一份以上的工作。這些兼職的工作者中，有四分之三的人口每週工作時數都在40小時以上，與超時工作的單職工作者相比，兼職工作者比較可能每週工作超過60小時以上。專業人士和經理階級，尤其是教師、保護服務的工作者（如警官、警衛及救火員）、農場工作者等人士的兼職情況較為普遍。男性兼職者中，大約有四分之三的人口有一份正職及一份兼職；而數目日漸增加的女性兼職者方面，其中有一半的女性擁有兩份兼職工作。另外，在已婚男性中，兼職者的比例則從1969年的7.2％減少到5.8％。這個結果與工作時數的情形一樣，已婚男性兼職的情形可能會因妻子穩定就業的情況增加而改變。大部分兼職者表示他們是因為財務上的原因而兼職，以便支付日常花費、還債或存錢購買特殊東西。已婚男性、25歲到34

歲間的男性以及單身、離婚或分居的女性和寡婦之中，經濟因素是他們兼職的最普遍原因（Hedges and Taylor, 1980; Taylor and Sekscenski, 1982）。

近年來，自願及非自願兼職情況都有所增加。隨著失業率變化，因爲找不到全職工作而只好兼職的人數也有所變化。從1960年代末期起，女性非自願兼職的比例較高。此外，女性自願兼職的情況也迅速增加。至於男性自願兼職者當中，以年輕人及65歲以上者居多。女性方面，則以已婚者兼職的比例較高，尤其是有18歲以下子女的女性（Barrett, 1979b）。

雖然很多人工作時間已相當長，自願兼職的人數也逐漸增加，但仍有少部分的人想再增加工作時間。以全國已婚而且已有子女的男性爲樣本，約有18.8%的人想增加工作時數，只有4%的人會想減少工作時間（Moen and Moorehouse, 1983）。另一全國性研究發現，有28%的在職受訪者想增加工作時數及想賺更多的錢，受訪者當中有11.3%的人願意減少工作及收入（Best, 1980）。

對家庭生活的影響（effects on family life） 研究指出：工作時數與家庭生活品質有關。以不同樣本所做的幾個研究都指出，工作時間長的人其工作／家庭衝突和緊張程度比較高，亦即，受訪者認爲工作和家庭生活二者會彼此影響，或者說工作要求會影響家庭生活（Burke et al., 1980; Mortimer, 1980; Staines and Pleck, 1983; Voydanoff, 1984b; Voydanoff and Kelly, 1984）。根據一項以135個雙薪家庭爲對象的研究顯示，不管是男性或女性，他們每週的工作時數都會與工作／家庭角色的緊張有關；丈夫的每週工作時數亦和妻子的緊張有關 (Keith and Schafer, 1980)。另一研究指出：妻子的工作時數與離婚有關，特別是在中收入家庭及丈夫不允許妻子工作的家庭中，這種情形特別明顯 (Spitze and South, 1985)。此外，超時工作或兼職的父母親最容易覺得時間不夠用；而且，超時工作也會與工作緊張有關 (Kelly and Voydanoff, 1985; Voydanoff and Kelly, 1984)。然而，其它的資料並不認爲工作時數與婚姻／家庭滿意度有著負面關係 (Piotrkowski and Crits-Christoph, 1981; Staines and Pleck, 1983; Voydanoff, 1984b)。因此，工作時數似乎與工作／家庭衝突和緊張有較直接的關係，工作時數與婚姻和家庭生活滿意度這兩者彼此之間的關聯性則較不明顯。

工作的時間表

工作時間表的類型 (types of work schedule)　除了前述工作時數的差異之外，上下班時間也有很大差異。朝九晚五之外，最常見的方式是輪班及彈性工時。在1978年，全職工作者中大約有六分之一的人上下班時間不是典型的上下班時間。其中，大約一半的工作者的工作時間是下午班，譬如從下午3點到11點，而有五分之一的人是上夜班，譬如從晚上11點到早上7點 (Finn, 1981)。這些在作業過程必須維持持續不中斷過程，或高資本投資的產業，如紡織廠、紙廠、化學工廠、煉油廠、玻璃容器業、鋼鐵業及汽車零件業等產業，輪班的情況相當普遍（Zalusky, 1978）。一般而言，上非日班的比例，男性比女性高，有73%的夜班工作者是男性，下午班的工作者中也有68%的男性比例，而早班的男性工作者比例則只有62%。已婚男性及女性上午班的比例最低，只有60%，而日班和夜班的人數比例則有三分之二（Hedges and Sekscenski, 1979）。

　　彈性工時是上班時間的最新趨勢，是指上班及下班的時間可以不同，但其中間的工作時間必須在上班時間內完成。彈性的大小，因地而異。有些員工很規律地早到或晚退；有些員工每天上下班時間都不一樣。在1980年，不是在農場工作的受薪階級，其中有11.9%採彈性工時。專業人士、經理、銷售員及交通運輸業從業人員間彈性上班的比例更高。聯邦公共行政的公務員中，約有四分之一的人採彈性工時。參與彈性工時計畫的男性比女性多一點。除此之外，已婚的男性和有子女的男性對彈性工時的參與率，也多於已婚的女性及有子女的女性參與率（Nollen, 1982）。

　　員工認為上班時間表的影響比工作時數較容易發生問題。一個在1977年進行的全國性研究中，有三分之一的工作者認為，他們有工作時間不方便或工作時間過多的問題。其中，19%是超時工作或太多工時的問題、27%是上班時間干擾家庭生活的問題、42%是其它上班時間的問題，例如，時間不規則或無法預知上下班時間，或對上下班的時間無法掌握，及太早上班或太晚下班（Quinn and Staines, 1979）。

對家庭生活的影響 (effects on family life) 現有的少數研究認爲上下班時間的變化會影響家庭生活。最近一項使用全國性樣本的研究指出，不是上日班的人及週末工作的人他們會有較高的工作／家庭衝突。在週末工作的人其婚姻／家庭滿意度較低；然而，不是上日班的人與有較微弱且不顯著的婚姻／家庭滿意度 (Voydanoff, 1984b)。從上述樣本取得更多特別的資料後，可以發現雙薪家庭中丈夫及妻子間存在著一個有趣的互助模式，例如，在週末工作的丈夫會減少他們花在做家務及照顧小孩的時間，而在妻子方面則沒有這種現象。不是日班工作的丈夫及妻子皆與大量家務有關，但兩者之間只有丈夫的工作／家庭衝突會較高 (Pleck and Staines, 1985)，這種差異性可能是起源於妻子應做大部分家事，及照顧小孩的社會期待。

以一個小樣本較不具代表性的質化研究結果顯示，輪班的工作性質對家庭生活有負面的影響，例如家庭關係方面的問題 (Zalusky, 1978)，夜班工作的人在夫妻雙方間的關係可能會發生問題，而上下午班的人則可能有親子方面的問題 (Mott et al., 1965)。Jane Hood和Susan Golden (1979) 則認爲上班時間與家庭關係間的關聯性是很複雜的，在某些例子中，輪班的工作反而可以強化家庭成員間的關係，舉例來說，若父親晚上工作，則在白天可以與學齡前子女相處較多時間，這個例子便是正面的影響。

雖然彈性工時通常被視爲減少工作／家庭衝突的一種方法，然而有關彈性工時對家庭生活的影響，這些相關的研究資料在目前還很少。由一個對於政府機構員工所做的研究中，詳細的工作時段紀錄顯示，參與彈性工時計畫的員工，在參與計畫後，與子女相處的工作時間，及與配偶和子女相處的時間，都比以前增加。但是在與配偶單獨相處的時間上卻有減少的現象。家庭相處時間的增加，原因在於他們提早去工作或下班後與家人相處時間增加的結果（Winett and Neale, 1980）。另一個研究指出，男性在參與彈性工時計畫後，會增加參與子女社交活動的時間；然而，除了傳統上認為是男性做的事，如修車之外，男性並不會增加照顧子女或做家事的時間（Lee, 1983）。Halcyone Bohen及Anamaria Viveros-Long（1981）證實在沒有子女的家庭上，及妻子沒有工作的父親身上，彈性工時與工作／家庭角色緊張相關性較低。在父母身負照顧子女重任的家庭，彈性工時對減低工作／家庭角色緊張反而最沒效。這些專家研究的結論是，對有子女負擔的父母而言，要減低其工作／家庭角色緊張，需要的不只是上班時間的調整。

這些研究顯示，工作時數及上下班時間表這兩個因素與工作／家庭衝突及緊張有比較強烈的關係，工作時數及上下班時間二者和婚姻／家庭滿意度及適應則關係較不強烈。工作時數方面的資料與上下班時間方面的資料具有一致性，而輪班與家庭生活品質間的關係，最能以上下班時間的幾種要件來加以解釋。

地理遷移

工作所造成的遷移驛動和調職 (job-related moves and transfers) 美國是地理遷移性的社會。在1980及1981年間，全國就有17%的人口搬家改變了住所 (U.S. Bureau of the Census, 1983)。而估計在1970年代初期，搬家的原因有一半以上是因為工作造成的 (Gaylord, 1979)。與工作有關的搬家，包括大城市間的遷移，有部分是因個人必須搬家才找得到工作，其它部分則是為改善個人經濟狀況和職業地位。個人為求職而搬家，主要是為因應幾種狀況，如剛完成學業、開始就業或因工廠或辦公室關閉、裁員以及其它情況；另外，為了找到更好的工作，或為了搬到有比較多工作機會的區域，人們也會換工作和搬家。

雇主要求的工作調職，也是與工作相關的地理遷移原因之一。某些例子中，一整個部門，或操作過程中的某部分整個被搬遷到新地點。其它例子則是個人在公司中因昇遷而搬家。公司調職趨勢的研究結果很矛盾；有些人研究此指出數字與日俱增，也有其它研究結果表示人數日漸減少 (Axel, 1985; Kanigel, 1979; Margolis, 1979; Sell, 1983)。這些數據顯示，從1960年代初期到1970年代末期，調職人數逐漸增加，但在1970年代末期的數據則稍微減少。Costello (1976) 指出，雖然為數不多，但最近有越來越多的經理階級人員拒絕調職。拒絕的原因主要是個人以及家庭因素考量，或是對新地點不滿意。如果要精確說明這些趨勢，我們需要以具代表性的大型樣本所做的研究結果來作為參考。

家庭因素加上經濟壓力與動機，都與地理遷移有關。在家庭生命週期的後期階段的家庭，以及具有強烈大家庭觀念的家庭，比較不願意也比較不可能搬家 (Markham and Pleck, 1986; Miller, 1976)。以年齡在30到39歲的白人男性進行跨州遷移的可能性來說，已婚且擁有子女的人遷移機率要比單身者低 (Sandefur, 1985)。有年紀不到6歲的子女的家庭則是比有學齡期子女的家庭較有可能遷移 (U.S. Bureau of the Census, 1983)。有人認為非經濟因素影響地理遷移的程度，受勞力市場供需關係的影響。當勞工占優勢時，他們可能會將家庭及個人因素，如配偶的職業目標、子女的需求、社區活動及社交團體、親戚及朋友關係、地理位置以及社會背景等列入是否遷移的考慮因素 (Sussman and Cogswell, 1971)。

對家庭生活的影響 (effects on family life)　　地理遷移對家庭生活的影響，其研究結果呈現多樣化。有的研究發現：搬家對全體家庭成員的壓力都很大 (Packard, 1972; Tiger, 1974)；部分其它研究則發現：一般家庭認為搬家並不會造成生活適應上的困難 (Brett, 1982; Jones, 1973; McAllister et al., 1973)。由於對搬家的反應並沒有一致性，因此必須考慮那些因素可能會造成搬家的壓力，影響家庭適應的因素包括，搬家的次數及時機、生活品質改善的程度、家庭團結及整合的程度、因應方式及社會支持的獲得及使用、子女的年齡等。因為丈夫換工作而搬家的妻子，如果找不到工作或交不到新朋友，或無法將資格或合約移轉，則在適應方面上比較可能發生問題（Brett and Werbel, 1980; Gaylord, 1979; Margolis, 1979; Seidenberg, 1973）。

工作所需的旅行（出差）

工作有關的旅行（出差）是一種工作——角色特質，時間和地理距離因此影響了家庭生活。很多工作需要常出差，如公司經理、流動性的勞工、業務員、政治家、專業運動員、娛樂界人士、建築工人、漁夫、商船隊員及軍人等。

出差對家庭生活的影響，大部分我們所知是以公司男性經理及軍人為研究對象。經常出差的經理，他們無法履行某些家庭角色，如陪伴配偶及子女、參加家庭和學校活動及參與家務責任（Kanter, 1977a; Renshaw, 1976; Young and Willmott, 1973）。與公司經理的家庭相比，軍人家庭分開的時間更長。長時間的分離，讓家庭所有成員不論在分開或重聚時，都需要一段時間來適應。從企業經理及軍人的家庭身上，發現適應出差的幾種有效因應方式，例如維持家庭整合、適應企業生活方式、相信配偶專業的貢獻、發展人際關係及社會支持、處理心理壓力及緊張、發展自立和自尊等（Boss et al., 1979; McCubbin et al., 1980）。

這一段說明了不同工作特質對家庭生活的影響。雖然，因不同的特質、職業及家庭狀況會有不同程度的影響，但其結果卻都清楚地說明工作——角色特質與家庭生活方面的關係。

工作的心理向度

　　除了基本工作——角色特質對家庭有影響之外，幾種心理向度也會影響家庭生活的本質及品質。在第一章曾提過，這些影響——稱為溢出（spillover）——正向或負向都有可能。正向溢出的產生是因工作挑戰或滿足所導致的精力和熱忱被帶入家庭生活。負面溢出的影響則有兩種：(1)工作要求造成的壓力；及(2)因工作態度或本身的工作——角色特質導致對工作過度投入。

　　耶魯大學心理學者Chaya Piotrkowski以一小群中低階級男性為樣本進行研究，觀察工作要求如何造成正向或負向的溢出（Piotrkowski, 1979）。喜歡自己工作及對工作要求有適當控制的人，能將正向的精力帶回家中，而且，當他在家時，可以滿足家人的心理需求。相反的，如果情況是工作有壓力的人，他們的工作負擔太大，或與需求衝突，則這些人會將工作緊張帶回家，需要家人配合他們或保持距離。至於那些對工作感覺無聊的人，則有退出家庭互動及活動的傾向。

工作要求

　　工作要求（job demands）造成工作壓力，進而影響家庭關係。與工作壓力有關的工作——角色特質，包括了：工

作量大、高度的角色模糊和衝突、無法發揮能力、缺乏參與
決策的機會、有健康及安全顧慮、失業及工作不保的威脅、
完工的期限很急迫、及負責他人安全與幸福感的職責
(McLean, 1979; Shostak, 1980; Sweetland, 1979)。這
些特質形成個人在工作行為上必須配合的要求及限制，但有
可能與個人本身無直接關係；壓力有可能是因為某種要求太
多或太少而造成的，如責任、挑戰或決策。某些職業，如警
官、醫生、空中交通管制員、及秘書，都是具有高工作壓力
特質的職業。

　　小樣本的研究資料顯示下列工作要求與工作／家庭衝突
及家庭角色衝突有關，這些工作要求包括：角色曖昧、角色
衝突、要求使用智力與體力、改變太快、對工作品質要求的
壓力、及工作量太大等項目 (Burke et al., 1980; Jones
and Butler, 1980; Katz and Piotrkowski, 1983)。另外，
一項針對工作要求對家庭生活之相對重要性進行調查的全國
性研究發現，工作壓力與工作／家庭衝突的關係最重要，其
次是角色曖昧及衝突，而工作不穩定性與工作／家庭衝突無
關；然而，工作不穩定則是唯一與低程度婚姻／家庭滿意度
有關的工作要求 (Voydanoff, 1984b)。

工作取向

　　與工作有關的其它特質：工作取向和本身的工作——角
色特質，也會左右家庭生活。這些特質比工作要求容易造成
正向溢出，尤其是在適當的程度時。兩種工作取向與家庭生

活品質特別有關，即工作投入度及工作滿意度。

工作投入度（job involvement）　地位高的職業，如專業人士及經理對工作投入度最高。Joseph　Pleck和Linda Lang（1978）指出，在他們對全國性樣本調查，只有少數受過高等教育的人對工作投入度高於對家庭角色的投入度。另有一個研究，以少數英國男性為樣本，結果發現在專業人士及經理人員方面，他們在工作／家庭相互干擾的程度上比較高，他們在家裡仍會想著工作，或是在家裡他們會有壓迫感（Young and Willmott, 1973）。與其他專業人士及經理相比較會發現職位越高，如總裁，這種情形的發生會越嚴重。

Young和Willmott（1973: 166-167）以下列例子說明經理的工作投入程度：

> 當我在家的時候，我仍掛念工作。如果你花幾個小時整理花床，你仍可以想組織裡的一些大問題的話。那你不用給自己太多壓力企圖想通什麼，只要仔細思考就夠了。

> 當我洗澡時，或者剪草皮時，我通常也在想事情。這種情況常常發生。

> 如果你看到我很高興地坐在花園，手邊還有一杯飲料，我可能想通了一個問題。如果你走過來和我說話，你很可能和我說了半天話而我一句都聽不進去，因為我太專心在思考工作的問題了。這是我對

工作的全盤投入，我甚至可以說工作就是我的休閒活動。

我想工作會干擾家庭生活。可能是我的態度問題。當你心裡有事的時候，有時會無法分心。因此，這會讓你在家裡讓家人感到有點難相處。

當碰到問題時，你會專心一直想事情，而忽略老婆告訴你的事情。我說過我從未將公事帶回家——真的，從沒帶公文回家。但是，不幸的是公事一直在我腦海中。結果，這成爲最常見的家庭問題。

男性專業人士和經理，高工作投入與高工作／家庭衝突，以及低婚姻滿意度有關 (Greenhaus and Kopelman, 1981; Mortimer, 1980; Voydanoff, 1982)。其它研究發現，大專程度的夫妻，高婚姻滿意度及夫妻共同活動多的夫婦，丈夫或／和妻子都是以家庭爲取向，而非以工作爲取向 (Bailyn, 1970; Rapoport et al., 1974)。

在兩項有關探討男性工作者的研究結果顯示，丈夫對工作的參與及工作壓力影響家庭生活的程度，取決於其妻子對丈夫工作的支持度。Jeylan Mortimer (1980) 發現，專業人士與經理的工作投入與低婚姻滿意度有關，唯一例外是妻子支持丈夫事業上的努力。由於丈夫工作投入與妻子支持有正相關，因此妻子的支持便成爲男性對工作投入的重要因素，這點也與婚姻滿意度亦有正相關。在另一研究發現，對丈夫——妻子的互助關係感到滿意,是工作及生活壓力間有效的協調因素,並與許多幸福指標,如工作、婚姻及生活滿意度、生理心理健康等因素有關 (Burke and Weir, 1975, 1977)。

工作滿意度 (job satisfaction) 工作滿意度對家庭生活的影響,至目前為止所知不多。一項以全國男性專業人士及經理所做的研究發現,高工作滿意度與工作╱家庭衝突及高婚姻╱家庭滿意度有關 (Voydanoff, 1982)。以職業父母為對象的研究發現,高工作滿意度與時間匱乏感低,及工作緊張度低有關 (Kelly and Voydanoff, 1985; Voydanoff and Kelly, 1984)。然而,以黑人職業婦女所做的小樣本研究發現,工作滿意度則與家庭角色衝突無顯著相關 (Katz and Piotrkowski, 1983)。

因此,工作滿意度比工作投入對於家庭生活的影響較為正向。工作滿意度造成的正向態度會帶入家庭生活,而工作投入引起的分心也會對家庭生活分神。

內在的工作——角色的特質

內在的工作——角色的特質著重於工作本身,如挑戰性的程度、自主性及自我管理。探討有關這些特質對生活影響的研究有限。以已婚船員為對象所做的研究發現:高工作挑戰以及工作變化高,那他們有較低的家庭╱工作角色不和諧 (Jones and Butler, 1980)。另一研究發現,高社經地位的女性則無此現象 (Piotrkowski and Crits-Christoph,

1981）。最後，在一項全國性的研究中發現，豐富的工作要求與高婚姻滿意度有著密切關係，然而，與工作／家庭衝突則無關係（Voydanoff, 1984b）。

有關工作自發性（autonomy）的研究其結果相當不一致。有一研究發現，工作自發性愈高，其家庭／工作角色不和諧愈高（Jones and Butler, 1980），而另一研究則發現工作自發性與低家庭角色壓力有關（Katz and Piotrkowski, 1983）。第三個研究（Burke et al., 1980）則發現，工作自發性與家庭／工作角色不和諧沒有關係。一項以全國性樣本代表的研究結果則顯示，自發性與低工作／家庭衝突，及高婚姻／家庭滿意度有關（Voydanoff, 1984b）。從具代表性樣本所得的許多證據顯示，工作特質與低工作／家庭衝突及高滿意度有相關。

Melvin Kohn及其同事曾對另一個工作特質：工作中的自我管理，做過徹底的研究（Kohn, 1977; Kohn and Schooler, 1983）。Kohn的原本目標是要解釋不同社經階級的父母親對其子女的價值觀及教養方式的差異。他發現中產階級及勞動階級的父母都對其子女強調自我管理及順從是重要的價值觀，但在要求的形式內涵上則有所不同。中產階級父母藉教導責任、自制及事情如何及為何發生來強調自我管理。勞動階級的父母親則比較強調順從、整齊乾淨及誠實等價值。

Kohn發現中產階級及勞動階級職業狀況可以解釋不同階級的人在父母親價值及作法上的差異。自我管理是中產階級的職業特性，而順從外在權威則是勞動階級的職業特性。
工作者以工作上所碰到的情況做爲參考，教導相關價值，期
望子女能努力上進。這個研究顯示，職業上自我管理的程度
會影響父母親價值觀及教養子女的方式，並說明職業狀況會
影響家庭成員的價值觀和行爲。Kohn的研究著重於男性，然
而，其它研究發現職業狀況對女人工作滿意度、智能發展及
社會的影響，與其對男性的影響方式類似 (Miller, 1980;
Miller et al., 1979) 。

丈夫及妻子工作──角色特質對
家庭生活的共同影響

目前爲止，我們已探討了個人工作──角色特質對其個
人及家庭生活的影響。這一段我們將探討雙薪家庭及雙生涯
家庭中，丈夫和妻子的工作──角色特質對家庭生活的共同
影響。丈夫及妻子共同工作特質的三個層面與家庭生活的本
質和品質有關，分別是丈夫和妻子的相對社經成就、工作造
成的地理遷移和通勤婚姻，及工作時數和上下班時間。

丈夫和妻子的相對社經成就

很多人認爲妻子比丈夫成功的家庭會有比較多的問題，
可惜的是，這方面的研究資料並不多。然而，有限的資料顯
示，妻子較先生成功對他們的家庭生活品質有顯著的負面影
響。舉例來說，就成就取向的男性而言，如果妻子之教育程

度比自己高，那麼他們對婚姻的滿意度則較低（Hornung and McCullough, 1981）；相對地，如果丈夫的教育程度高於妻子，則妻子有高婚姻滿意度。此外，如果以丈夫的教育程度為基準，妻子的職業比預期的好，則丈夫可能會有較低的婚姻滿意度，而在妻子方面則沒有這方面問題。另一個研究，以不同樣本為研究對象，結果發現如果妻子的職業比丈夫好，則引發家庭暴力的可能性也比較高（Hornung et al., 1981）。

第三個研究發現，其它職業因素亦和家庭生活品質有關。William Philliber和Dana Hiller（1983）比較了在1967年於非傳統職業就業的女性及在傳統職業就業的女性，發現到了1974年，前者比較可能離婚、離開就業市場及降低其社會地位。與類似職業地位的丈夫和妻子相比，在非傳統職業就業的人士與上述的改變比較有關。

工作造成的地理遷移及通勤婚姻

如前面所提過的，工作造成的遷移可能造成家庭問題。當這種情況發生在雙薪或雙生涯家庭時，問題更加複雜。幾個與上述問題有關係的小規模研究發現，雖然有些丈夫會為妻子的事業而拒絕調職或新的工作機會，但工作相關的遷移對妻子的影響會比對丈夫的影響來得大。女性較男性可能為配合配偶工作改變或調職而搬家（Duncan and Perrucci, 1976; Foster et al., 1980; Spitze, 1986）。這種情況下所造成的搬家可能對妻子的就業狀況、工作年資及所得有較多的負面影響；然而，少數的研究發現搬家兩年後，這些影響隨即消失 (Lichter, 1983; Spitze, 1984)。

　　除了搬家以便配合配偶事業之外，最近出現另一個選擇，即通勤婚姻或單身赴任。在這種情況下，配偶平時在不同的地點工作，而僅在週末時相聚。單薪家庭中丈夫必須常因工作而有不在家的情況，如船員、明星、運動員、政治家及軍人，而通勤婚姻中，兩人的工作都不用常出差；但是，這兩份工作的所在地距離太遠，因此無法從其中任何一個家通勤上班。通勤婚姻的成功會受到幾個家庭和工作特質的影響。如果兩個工作距離不算太遠、只是短暫分離、雙方均有強烈職業取向、或至少其中一方已有事業基礎、雙方年紀較大、結婚較久、沒有養育子女的責任，這種情況的通勤婚姻比較可能成功 (Gerstel and Gross, 1984)。

工作時間量及上下班時間表

　　我們才開始搜集有關丈夫及妻子的工作時數對家庭生活影響的資料。一項全國性調查資料發現，丈夫全職工作或超時工作而妻子打工（非全職）的夫妻，婚姻滿意度最高；而丈夫和妻子都全職上班，而且至少其中之一方超時工作，或有兼差（超時工作）的夫妻，其婚姻滿意度最低。工作時數減少與女性最低程度的工作／家庭衝突有關，而與男性最高程度的工作／家庭衝突有關 (Dempster-McClain and Moen, 1983)。也許減少工作時數方便女性執行家務時，同時提高對男性家務的要求。從同樣資料為樣本所做的研究發

現，夫妻總工作時數高，與子女相處時間減少，及低家庭滿
意度有關，亦和女性工作／家庭衝突有關；但是，總工作時
數與婚姻幸福或滿意無關 (Kingston and Nock, 1985)。

Paul Kingston與Steven Nock (1985) 發展出測量工
作的方式，即配偶中至少一人在工作的時間總和，以便了解
丈夫和妻子上下班時間對家庭生活的共同影響。家庭工作日
較長的女性花較多時間做家事，而比較沒時間與配偶相處。
家庭工作日長短亦與男性高家庭滿意度有關。然而，家庭工
作日的長度與婚姻幸福或滿意度無關。另一個以這些全國性
調查資料所做的分析顯示，妻子不是上日班或必須輪班時，
或是丈夫不上日班或輪班，與上班時間造成的家庭衝突關係
最為強烈 (Staines and Pleck, 1983)。

這些研究丈夫——妻子工作特質對家庭生活共同影響的
報告有相當不同的結論。然而，由於這方面研究仍在剛開始
階段，因此尚還無法針對這些影響的本質和程度作出結論。

摘要

本章闡述了與工作有關的幾種特質如何影響著家庭生
活；這些基本特質如下：工作時數、上下班時間表及工作造
成的旅行影響工作者和家人相處的時間量。工作造成的地理
遷移決定了家庭居住的社區，及和其大家庭成員的距離。

其它工作——角色特質與工作造成心理上的溢出影響家

庭有關。幾種工作要求可能造成工作壓力，而對家庭關係有負面影響。其它工作——角色特質可能對家庭生活帶來正面影響。這些正向的特質（如工作投入和滿意程度）適中要比過高或過低的滿意度對家庭有益。

由於雙薪家庭數目與日俱增，了解丈夫——妻子、工作——角色特質對家庭生活的共同影響，已成為當務之急。初步的研究發現，不論其複雜性，這些特質的影響其重要性足以構成進一步研究的保證。

問題討論

1. 比較男性及女性的長時間工作對家庭生活的影響。
2. 週末工作及不是上日班的工作與家庭生活品質的關係為何？
3. 工作要求如何影響家庭生活品質？
4. 解釋本身工作——角色特質的意義。
5. 丈夫和妻子的工作——角色特質如何共同影響家庭生活？

建議作業

1. 彈性工時計畫是否會影響家庭生活？說明此反面意

見。

2. 說明可能增進家庭生活品質的工作——角色特質。然後，舉一個最極端的例子，即家庭持續被工作——角色特質的負面作用影響其家庭生活品質。

第五章
個人工作／家庭角色協調

　　前面幾章探討了家庭結構對工作及就業參與的直接影響以及經濟壓力，和工作——角色特質對家庭生活的影響。本章將討論個人用來協調工作及家庭活動需求的機轉有相關的工作，以及家庭角色的限制及回饋。工作和家庭這兩者間的互賴關係將以工作／家庭生活週期的觀念來加以解釋，此觀念可將人生過程中，男性和女性協調工作和家庭角色的多樣化方法加以標示。三種協調工作和家庭角色的方法——使用因應策略（use of coping strategies）、連續的工作／家庭角色階段化（sequential work/family role staging），及對稱的工作／家庭角色分配（symmetrical work/family role allocation），將依序分別討論。

多重角色、角色緊張和角色擴張

　　人們有時扮演工作者的角色，有時是父母親的角色，有時是配偶的角色；但通常是同時扮演所有的角色。扮演多種角色所帶來的要求以及回饋，可以用「角色累積」（role accumulation）來加以解釋。角色累積的定義是個人角色組中角色的總數（Burr et al., 1979）。工作和家庭角色如工作者、配偶、父母親以及親戚，所帶來的活動、身分、義務、回饋及與不同他人的關係。

對於扮演不同角色是否造成角色緊張，有相當不同的意見。知名的社會學者，William J. Goode將角色緊張定義為：「扮演角色義務時感到困難。」（Goode, 1960: 483）Goode主張「個人可能面對了廣泛、不同，甚至是衝突的角色義務。如果個人全力或適當地履行某方面的要求，則很難滿意其它方面的要求…。總而言之，要滿足個人所有的角色義務並非是一件容易的事。」，因此，角色緊張是普遍的現象（Goode, 1960: 485）。Burr等人（1979）假設角色累積越多，角色不相容性及角色衝突就會越大。

其他人認為角色衝突理論強調與角色有關的要求，而忽略報酬及特殊待遇。Sam Sieber（1974）指出下列報酬與角色累積有關：角色特權協助管理多重角色、角色津貼提高地位及協助角色表現、身分帶來的安全感讓某一角色的成功彌補另一角色的失敗也可充實人格、滿足自我。Sieber認為，這些報酬遠比角色累積的負面影響重要。

第三個與角色緊張有關的理論是擴張理論（expansion theory），Stephen Marks（1977）藉此理論解釋為何某些人表現多重角色會感到角色緊張，而他人則沒有這種困擾。

Marks認爲在特定情況下，多重角色可以創造能源精力，而非耗盡精力。他表示對各種角色相對努力的程度是角色緊張的主要決定因素。當對所有角色的熱衷參與有相等的正向或負向價值，角色緊張就不會產生。然而，對不同角色有不同積極熱衷的程度，對這份熱衷的角色，在投入的精力及時間分配上會增加，而侵犯屬於不熱衷興趣所應分配到時間及精力。在這種情況下，匱乏的爭論被當做不參與不熱衷興趣的藉口。對不同角色的相對先後順序，會受文化中的先後順序影響，舉例而言，對中產階級，工作是過分熱衷的興趣。

在有關表現多重角色的正面影響的研究中，還有一種不同的理論。這個理論是由Princeton University社會學者Peggy Thoits (1983) 所提出，她的身分累積理論假設 (identity accumulation hypothesis)：多重角色伴隨多重身分，而多重身分與低心理困擾有關。她認爲「社會身分提供演員存在的意義，也提供了行爲指標，這些特質對心理福利及有組織的功能性行爲是很重要的」 (Thoits, 1983: 183)。她的資料顯示身分數及日漸增加的身分數與低心理困擾有關。

多重角色對女性生活的影響

有關表現工作和家庭角色共同影響方面的研究幾乎都是以女性爲樣本。根據Marks (1977) 的研究，男性對工作過分熱衷，而以匱乏或不足爲藉口來減少其家庭角色的參與。
這種對工作過度承諾，對家庭低度承諾，在文化上是可以接
受的，因此不被認爲是值得研究的主題。然而，自從女性增
加外出工作的相對投入，進而改變原本的均衡的分配，多重
角色的影響就變成重要的問題。正如前面提過的，女性就業
被認爲是對家庭生活有害的，或對家庭生活有所干擾。有關
工作和家庭角色對女性身心健康，及家庭生活品質的共同影
響也出現類似的爭議。接下來，我們將探討有關女性多重角
色的健康及家庭生活影響的實驗證據。

女性多重角色對家庭生活的影響

　　少數研究探討有關女性工作角色特質及家庭需求對家庭
生活品質的共同影響，均發現工作及家庭特質都與感受到的
工作／家庭衝突有關 (Cooke and Rousseau, 1984; Katz
and Piotrkowski, 1983; Keith and Schafer, 1980)。這
些變數包括：工作時數、工作參與度、工作自主性、預期工
作時間、婚姻狀況、子女數及子女年紀等。有關職業父母的
研究發現，家庭需求──學齡子女的出現──解釋有關時間
不足感差異的原因；而工作──角色特質──對工作責任、
時數、上下班時間等不滿意──則解釋有關工作壓力的差異
(Kelly and Voydanoff, 1985; Voydanoff and Kelly,
1984)。有關工作及家庭特質的最廣泛研究發現，工作──角
色特質和家庭結構需求對工作／家庭衝突，和婚姻／家庭滿
意度有累計相加的影響；亦即，每個特質對家庭生活品質都

有獨立的貢獻（Voydanoff, 1984b）。工作──角色特質和
家庭需求沒有互動作用，即工作──角色特質不會加強家庭
需求對家庭生活的影響，反之亦然。

女性多重角色對生理健康的影響

　　幾個研究探討工作及家庭角色對女性生理健康之共同影
響。密西根大學（the University of Michigan）研究員
Lois Verbrugge（1983）的報告指出，受雇者、已婚者及身
為家長這三種角色，與生理健康有獨立正向的關係。必須扮
演三種角色的女性，健康狀況最好；而不必扮演任何角色的
女性，健康情況最差。這種關係是累加的，而非互動的。另
一個研究發現，有子女的職業婦女以及已婚且有子女的女性
其健康主要受婚姻狀況、子女、工作等因素，及其各因素間
互動關係的影響（Nathanson, 1980）。

　　Nancy Woods及Barbara Hulka（1979）的發現則是
完全不同。她們發現角色責任數與生理健康不佳有關，有最
強烈關係的是有三個或以上子女的人，或配偶生病的人。另
一研究發現辦事員及有三個或以上子女的女性，患有冠狀動
脈心臟病的比例最高，其中，以已婚且有子女的辦事員的患
病數據特別高（Haynes and Feinleib, 1980）。因此，雖然
一般而言，扮演多種角色與健康狀況佳有關，工作與家庭角
色間某些特殊組合卻與健康有負相關。

　　Verbrugge（1985）發表一份對工作──角色特徵及家
庭需求對健康之共同影響的詳細分析。Verbrugge指出健康

狀況不好與幾種角色負擔有關。這些負擔包括：不規則工時、工時不足、對工作及其它角色感到不滿意、時間限制、家庭受扶養人數之多寡、角色投入及責任等。Verbugge不認為健康狀況不佳與責任少有關。因為健康不好的人與健康的人相比較之下，健康不好的人他們無法參與跟健康的人一樣多的活動，另外一方面，則是因為高度要求造成的壓力，因此高度責任與健康不佳有關。

女性多重角色對心理健康之影響

　　工作、家庭及心理健康關係之研究發現結果與生理健康相似。已婚女性、外出就業的女性、或身為母親的女性，有低程度的沮喪 (Aneshensel et al., 1982; Gore and Mangione, 1983; Kandel et al., 1985) 。已婚職業婦女則較少有身心症方面的抱怨；然而，家中有幼兒則會與較多的抱怨有關 (Gore and Mangione, 1983) 。

　　對於扮演多種角色的分析，所產生複雜的結果，有一項最近的研究發現，已婚且已有子女的職業婦女，沮喪程度最低，而單身、沒有工作且尚未成為父母的女性，其沮喪程度最高 (Kandel et al., 1985) 。另一資料發現，這三個角色與沮喪有交互作用。舉例來說，Cleary及Mechanic (1983) 發現，與家庭主婦比較，職業婦女之婚姻狀況與沮喪程度二者之關係較不強烈；然而，對職業婦女而言，有子女在家與沮喪有正相關。另一研究顯示，職業婦女精神疾病徵兆隨子女數增加而升高，而家庭主婦則沒有這種情況 (Gove and

Geerken, 1977)。

　　探討扮演家庭及工作角色產生之壓力的影響，可以幫助我們了解多重角色對心理健康之影響。最近一項研究發現，工作角色緊張、婚姻角色緊張都與沮喪有關 (Aneshensel, 1986)。另一研究指出，就業減少婚姻壓力對沮喪之影響，但父母親的角色則會加大職業壓力之影響 (Kandel et al., 1985)。

　　這個研究探討女性工作和家庭角色、家庭生活品質、心理及生理健康之間的幾種關係。扮演角色的數目與健康有正相關。與扮演工作及家庭角色有關的幾種特質，亦發現與家庭生活和健康有直接關係。此外，工作和家庭角色特質的不同組合對健康及家庭生活造成不同影響。

角色衝突的因應之道

負擔過重及干擾

　　角色緊張理論 (role strain theory) 認為扮演多種角色會造成兩種角色衝突，且會負擔過重及彼此干擾。其中，負擔過重是指扮演多重角色的相關活動所需的時間及精力太大，以致無法適當或舒適地扮演角色。干擾則是指相衝突的需求造成無法履行多重角色的不同要求。干擾有兩種類型，第一種是角色期待可能彼此矛盾，或對角色期待沒有一致的共識。其中某一角色期待，可能與其它角色期待衝突。第二種是角色不和諧，即由於要求的時間衝突，以致無法履行不同角色所需的活動。因為有很多活動必須在特定時間、特定地點執行。當角色矛盾時，則無法有效執行。

因應之道

在特性的限制下，個人操縱多重角色之要求，以便建立可行的關係及活動模式。兩種主要的技術分別是：(1)操縱個人角色結構及關係；以及(2)與角色相關人士的溝通關係 (Goode, 1960) 。Goode (1960) 認為下列技巧為角色操縱的方式：(1)角色義務區隔化 (compartmentalization of role obligations) ；(2)角色義務的委任 (delegation of role obligations) ；(3)角色關係的消除 (elimination of role relationships) ；(4)角色關係的延伸 (extension of role relationships) ，即增加角色以便使用匱乏做為藉口，或促進角色表現；及(5)建立屏障 (creation of barriers) ，以避免其它角色侵入。角色延伸的技巧與Sieber (1974) 的方法類似，即個人利用從某角色得到之回饋，以協助在其它角色的表現。舉例而言，個人和家庭聯繫、推薦以及受邀參加的社交聚會都對個人事業有幫助。角色延伸的另一種技巧，與角色相關人士的溝通關係，包括角色協議的技巧。角色協議決定角色扮演品質的評估標準。丈夫及妻子協議評估事業和家居生活成功的標準。

有關個人採取因應之道，以處理扮演工作和家庭角色造成的負擔過重及干擾，這方面的研究有限。現存的少數實徵研究是以大專教育程度的女性，或雙生涯家庭女性的主要樣本來做爲研究對象，因樣本數少故較無代表性。這些研究大多以耶魯大學（the Yale University）心理學家Douglas Hall（1972）所發展出的因應方式之類別爲標準。他的模式由三種主要方法組成，包括：(1)結構的角色再定義（structural role redefinition）：類似Goode的角色協議之過程，其包括從角色組之內及之外取得角色支持，解決角色關係之問題，及改變角色之社會定義；(2)個人角色再定義（personal role redefinition）：包括角色取消、建立優先順序、角色需要區隔化及改變個人的角色之態度；及(3)反應角色行爲（reactive role behavior）：包括計畫、列時間表、組織、努力工作及對要求採取被動及消極的態度。

　　Margaret Elman及Lucia Gilbert（1984）藉問題焦點（problem-focused）及情緒焦點（emotion-focused）這兩個因應方式之區別，來擴充此模式。問題焦點的方法，如Hall所提及的數種類型，是以管理或消除多重角色衝突爲目標。情緒取向之方法，舉例而言，如認知重組，決定某些壓力並不重要，及壓力減少的方法。這些方法著重於修正個人對角色衝突的情緒反應。

　　有關因應方式對減少角色衝突或增加角色及角色扮演滿意度的相對有效性，這些小規模研究並無法做出具體結論。Hall（1972）發現，結構角色再定義及個人角色再定義，都與高事業滿意度有關，而反應的角色行爲則與低滿意度有關。Algea Harrison及Joanne Minor（1978）指出，衝突類型及因應方式之間，有著關係存在。妻子──母親衝突最常以結構角色定義處理；母親──工作者衝突則以個人角色再定義處理；而母親──妻子衝突則由結構角色再定義，或個人角色再定義處理。然而，因應方式之選擇與角色表現之滿意度無關。Nicholas Beutell 及 Jeffrey Greenhaus (1983) 發現，有傳統性角色態度之女性較可能使用被動角色行為；然而，這種行為在處理家庭──非家庭衝突時，比較不成功。Elman和Gilbert (1984) 報告指出，角色行為（組織、計畫、努力工作）、認知重組以及個人角色再定義等，以上均是雙生涯家庭且有學齡前子女的母親最常使用的因應方式。漸增的角色行為及認知重組與因應的效果有顯著相關。這些研究指出一些重要課題，並對未來研究提供方向。

工作╱家庭生命週期

對於扮演多重工作及家庭角色造成負擔過度及干擾的另一個研究方向，是藉探討生命週期中的工作及家庭角色之本質，來了解上述情形所可能發生之狀況。工作和家庭生涯都由階段組成，而各階段因生命過程發展任務而異。這些階段包含不同關係形式，而由不同需求、期待、身分、歷史及未來而有不同特徵。兩種生涯的各階段相交，進而形成工作╱家庭生命週期。

家庭生涯的階段

　　家庭生命週期或家庭生涯是家庭發展架構的主要觀念。家庭生涯由數個階段組成，而每一階段的特色即該階段必須完成之發展任務。這些任務包括：身體健康、社會化、扮演角色之動機、社會控制、及家庭成員的增加或減少（Aldous, 1978）。家庭生涯階段可以根據家庭大小和組成、婚姻狀況、子女年紀及就讀學校地點、主要賺錢者的工作狀況等因素加以周詳標示。Reuben Hill（1964）是家庭發展架構的初創者之一，而下列分析即以其研究爲基礎：

　　*1.*建立（establishment）──新婚夫妻沒有子女。

　　*2.*初爲父母（new parents）──夫妻及嬰兒或學齡前子女。

　　*3.*學齡家庭階段（school age family）──夫妻及學齡期子女。

　　*4.*子女成年家庭（postparental family）──子女離家後、和／或子女就職後的夫妻。

　　*5*老人家庭（aging family）──退休後的夫妻。

　　家庭生涯的概念假設一持久的夫妻關係，及擁有一個或以上子女的父母親，這種關係維持直到子女成年。然而，各階段組成及時間上的重大差異，使得上述概念太過簡單化。最近研究企圖將較不傳統的家庭，及非核心家庭納入家庭發展架構，因此將離婚、再婚、單親以及無子女的家庭納入生命週期階段的分析（Aldous, 1978; Hill, 1986; Norton,

1983)。生命過程中,各階段時間的改變也值得注意。舉例來說,最近數十年,養育子女的時間被壓縮成短短幾年。這項改變,加上平均壽命的延長,都造成家庭生涯中後父母階段的延長。

工作生涯的階段

　　職業社會學家及組織心理學家使用工作生涯的觀念是兩方面的:⑴外在生涯 (the external career);⑵內在生涯 (the internal career) (Bailyn and Schein, 1976; Van Maanen, 1977)。外在生涯可以被定義為:相關工作形成的連續體,以聲望階層來排列,個人藉此進入一有秩序(或多或少可以預期的)的順序 (Wilensky, 1961)。內在生涯著重於個人的主觀認知及生涯評估,及其對形成個人認知之影響。Bailyn及Schein (1976) 提出外在生涯階段形成之模式,各階段以必須完成的任務加以區別:

　　1. 準備期 (preparation) ──選擇及準備生涯的過程。

　　2. 新手期 (novitiate) ──學習及社會化階段,根據長期發展潛力評估是否進入這階段。

　　3. 事業早期 (early career) ──個人完全發揮功用,做有意義但並非重要的工作;更多學習及試驗。

　　4. 事業中期 (middle career) ──個人被完全接受,並預期進入最大生產力及最多表現的階段。

　　5. 事業晚期 (late career) ──個人已經歷過最大生

產力階段，但經驗可以提供更多貢獻，並有效教導年
輕人。

6. 後期（post exit）──個人不再被視爲是行業中的
一份子，但可能成爲顧問，或成爲兼職員工。

這些階段的長度和動力可能因職業而異；但是，除了需
要少數技巧或訓練的職業外，上述模式皆適用於各種職業類
型。職業生涯發展過程之差異，可藉變遷的方向和時間加以
分析（Van Maanen, 1977）。舉例而言，Gusfield（1961）
仔細列出下列類型：有方向的生涯順著上述的階段順序；沒
有方向的生涯則是指個人沒有成爲行業中的一員，或成爲體
制中的一員不久後，又脫離體制；多重生涯則是指個人不止
一次走完生涯體制的過程。

家庭及工作生涯階段的交點

參與工作及家庭生涯的個人會同時擁有兩種生涯的階
段，並有責任執行在任何時間，各生涯有關的職責。對工作／
家庭生命週期交點的了解，可以幫助我們對工作及家庭生涯
共同階段的分析。工作和家庭生涯各階段的交點形成一工
作／家庭生活週期，而此週期因需求、義務、報酬及身分而
有所不同。

當我們依生命過程檢視角色累積類型的改變時，兩種協
調工作和家庭角色的模式是很重要的，即「工作／家庭角色
階段化（work/family role staging）」和「工作／家庭分
配（work/family role allocation）」。在生命過程中，人

們藉操縱各階段活動的時間以滿足彼此競爭的各種需要。工作或家庭中比較不重要的活動，可能被取消或延到較晚的階段，因此需要建立一較均衡及可以控制的活動和關係類型。這就是「工作／家庭角色階段化」。

在角色關係中，個人亦藉著與重要他人溝通協調，以便建立關係模式。丈夫和妻子發展出有用的及表達性的互動的模式，他們藉此評估彼此行為，並建立不同程度的婚姻凝聚力。根據丈夫和妻子參與工作和家庭責任的程度，婚姻關係亦隨之系統性的變化 (Scanzoni and Scanzoni, 1981)。在某些家庭，丈夫是主要經濟供給者，而妻子則從事家務，即做家事和照顧小孩。其它家庭，丈夫和妻子都參與工作和家務。這些不同的工作／家庭角色分配是運用性角色規範、能力與才能、時間及可行性、平等觀念等評估標準，坦誠或暗示性的溝通後的結果。丈夫和妻子責任分配的溝通可能進行好幾次，造成生命過程中不同的模式。

「工作／家庭角色階段化」以及「工作／家庭角色分配」，這兩種生命過程中協調工作和家庭角色的主要方式，可以再細分成兩種次級類型。「工作／家庭角色階段化」可能是同時性或有先後順序。「同時性階段化」是指個人在成年後，同時扮演工作和家庭角色。「順序性階段化」則是指在家庭和工作生涯階段中，個人改變對工作和家庭角色的參與，如離職以便在家照顧幼年子女。「工作／家庭角色分配」可能是傳統化的，也可能是對稱的。在最傳統的模式，丈夫是主要賺錢的人，而妻子則做大部分家務。對稱的角色分配則指替代性的家務分工，即丈夫和妻子都外出工作及從事家務。

傳統──同時性的工作／家庭生命週期

「傳統──同時性的工作／家庭生命週期」是由五個工作生涯及家庭生命週期的交點組成：

1. 建立期（establishment）──新手期（事業）。
2. 初為父母（new parents）──事業早期。
3. 學齡期家庭（school age family）──事業中期。
4. 子女成年家庭（postparental family）──事業晚期。
5. 老人家庭（aging family）──後期。

這種工作／家庭生命週期的特色是在生命過程中，同時參與工作和家庭角色。個人順著工作及家庭相關文獻中典型的模式，扮演五種階段的各角色。這五種階段在時間上彼此平行。角色分配的模式很傳統，即丈夫是主要經濟來源，對家務只有少數責任，而妻子則不論是否就業，都必須負擔大部分家務。

建立──生手階段（establishment-novitiate stage）

這些階段因其是否與工作／家庭負擔過重及干擾有關而異。在建立──生手階段中，干擾很大。男人被指望能協調結婚時機及事業發展，因此，他們往往延後婚期，直到有能力養家的時候才結婚。對於職業必須接受長期訓練的人而言，以及在低薪不穩定工作就業的人而言，養家的能力成為家庭形

成中最大的影響力。此外，在此階段，家庭責任可能會妨礙
事業發展，原因在於其限制了受訓練以及教育的機會。

**初爲父母——事業初期階段 (new parents—early
career stage)** 初爲父母——事業初期階段受負擔過重的
影響。在事業初期階段，個人努力成爲事業中的一員，因此
非常強調工作角色 (Hall and Hall, 1979)。同時，幼年子
女非常需要時間、注意力及精力 (Aldous, 1978)。專業人
士工作和家庭活動的高要求，可能造成本階段不可避免的衝
突 (Edgell, 1970)。

**學齡期家庭——事業中期階段 (school-age family-middle
career stage)** 在學齡期家庭——事業中期階段，干擾再
次升高。時間及時間安排變得很重要，因爲父母被期待參與
學校及社區活動的時間，往往與工作時間相衝突 (Harry,
1976)。負擔過重與干擾比較可能是親子關係引起的，而非
夫妻關係所造成 (Pleck, 1979)。

**子女成年家庭——事業晚期階段 (postparental family-
late career stage)** 在學齡期家庭——事業中期的末期，
已建立的事業比較不需費心，個人有較多時間留給家人。然
而，在這階段，很多丈夫和妻子之間已經有了心理距離，並
各自有不同的興趣 (Cohen, 1979; Dizard, 1968; Foote,
1963; Steiner, 1972)。家庭生涯在這個階段時，通常夫妻之
間已很難建立相容的角色 (Aldous, 1978)，而青少年子女
通常在這個時候離開家，阻礙了親密親子關係發展的可能性
(Pleck, 1977a)。除此之外，中年婦女在子女長大後，在希

望建立自己的事業的同時，卻發現面臨肩負照顧老年人的責任（Brody, 1985）。

雙生涯家庭（two-earner families） 如果丈夫和妻子都追求「傳統同時性的工作／家庭生命週期」，則負擔過重及干擾的情況都會增加。這種模式，結構上並不適合雙生涯家庭，因為女性必須對家庭負大部分的責任，並扮演協助丈夫事業發展的角色。除此之外，「傳統同時性工作／家庭生命週期」中，即使女性就業，仍必須負家庭責任。一直到最近，職業婦女的丈夫比其他丈夫只多花一點點時間做家事，其實幾乎沒有多多少時間（Moore and Hofferth, 1979; Pleck and Lang, 1978）。對職業婦女而言，負擔過重及干擾在初為父母——生手階段期間最嚴重（Pleck, 1979）。即使有這麼多限制，許多女人仍選擇同時參與工作及家庭活動，並接受隨之而來的壓力，因為如果她們扮演家庭主婦的角色，壓力會更大（Bebbington, 1973）。職業婦女的增加，提供工作／家庭生命週期替代方案所需的能量，而形成「連續性的工作／家庭角色階段化」及「對稱性的工作／家庭角色分配」。

企圖減少「傳統同時性的工作／家庭生命週期」所造成的過重負擔及干擾，個人和家庭使用的兩種主要方式，分別是「連續性階段化」及「對稱性的角色分配」。「連續性階段化」是改變丈夫及妻子兩人，或其中之一的工作和家庭責任。「對稱性的角色分配」則是藉丈夫及妻子調換工作和家庭角色，以減少負擔過重和干擾。

連續性的工作／家庭角色階段化

「連續性階段化」是女性參與就業最普遍的方式 (Chenoweth and Maret, 1980)。大部分的連續性是因為家庭生活的要求，造成事業上的調整，如養育子女。大部分已婚女性在初次懷孕前有工作。懷孕初期，就業率降低；小孩出世的那個月，只有五分之一的母親仍在就業。然而，生產兩年後，就業率又增加到60%（即先前的情況）。離職，而非減少工時，是對初次懷孕最普遍的反應 (Waite et al., 1985)。

初次生產之前就業率減少，及生產後就業率增加的情況，因母親教育程度、就業經驗及經濟需要而異。高教育程度及就業經驗較高的母親，就業率在生產前後都比較高。經濟需求與生產前離職無關，但與生產後就業有著正相關 (McLaughlin, 1982)。就年紀較大的女性而言，斷斷續續的工作史與家庭責任、健康狀況不佳、家庭收入高、搬家及非自願性失業有關 (Shaw, 1982)。

以下是連續性工作／家庭參與最普遍的類型：(1)傳統式 (conventional)，即女人在婚後或懷孕時離職，而且不再就業；(2)早期中斷式 (early interrupted)，即女性在職業發展初期，因養育子女而不再工作，之後再重新就業；(3)晚期中斷式 (late interrupted)，即女性在建立自己的事業後，為了養育子女而離職一段時間，之後再就業；(4)不穩定型 (unstable)，即女性一直游移在全職家庭主婦及就業之間。連續性階段化與同時性階段化不同，同時性階段化的女性在同時從事工作和家庭生涯中的工作與家庭活動，不受養育子女的干擾 (Bernard, 1971; Elder, 1977; St. John-Parsons, 1978; Sorensen, 1983)。結婚與生子的時間有所改變，然而，不婚及不生小孩的人數並沒有增加多少。

生育子女時間的選擇是角色階段化的重大因素。這個決定牽涉生命過程中，工作表現及家庭活動之間的兩難抉擇 (Wilkie, 1980)。若因太年輕就生育而造成工作生涯上的干擾，可能會增加家庭經濟壓力，並增加重建事業的困難。然而，很多女性發現在某些年紀生小孩，比在其它時候更適當。在比較年輕時就生養小孩，也提供女人追求未來事業目標的機會 (Daniels and Weingarten, 1982)。

在傳統同時性方面，女性若等到事業中期階段才生第一個小孩，可以減少負擔過重與干擾，並且在傳統化同時性模式中初為父母——事業早期的經濟壓力也可減輕。若妻子在事業發展初期時，丈夫已建立其工作角色，則雙生涯家庭中丈夫——妻子之間的競爭可望減少。除此之外，在生命過程中，夫妻之間總有一人比較有空執行家庭責任 (Hall and Hall, 1979)。與年紀大了才開始事業相比，有工作經驗做基礎，再就業也比較容易。然而，有些女性認為一旦建立事業，要加以中斷並不容易；而也有些女性認為年紀大了才生育子女，並不是一件簡單的事。

下面一段引述自一篇有關當父母時機的研究，提供這方面的實例：

> 身爲人母給我思考的機會。自學校畢業之後，我從不認爲自己已準備好面對此一完全不同的事。我需要時間思考，如果家裡有小孩，根本難有思考的時間。事實也是如此。身爲母親，我有一份工作，及存在的理由。我也有時間及空間來規劃自己以後要做什麼──一個在21歲就當媽媽的人，在42歲成爲建築公司的工作督導〔Daniels and Weingarten, 1982: 95〕。

> 我想在懷孕之前，至少要做好什麼事…我不想出去玩，也不想減少工作時數，直到我完成住院醫生的任期。然後我想趕快成家，因爲我想回去工作。我在心裡小心、仔細地規劃著…如果我以前早一點生小孩，現在就有很多時間了。現在，我幾乎不可能成爲專業人士──這是一個在31歲當母親，現年52歲的心理分析醫師的思考〔Daniels and Weingarten, 1982: 95, 125〕。

越來越多矢志終生就業的女性發現，要全盤參與工作／家庭角色階段化是非常困難的，這些女性大多有兩份全職工作──事業及家庭。這種情況讓人意識到家務及家庭責任的分配並不公平，並鼓勵職業婦女的丈夫多做家事。

對稱的工作／家庭角色分配

對稱的家務分工是降低「傳統——同時性工作／家庭生命週期」所帶來的負擔過重及干擾的因應方式之一。「對稱家庭 (Symmetrical Family)」一詞是由英國社會學家 Michael Young 及 Peter Willmott (1973) 首先提出的，意指丈夫及妻子之間的關係是「相對但相似 (opposite but similar)」。這一詞並沒有平等的意義，只意味著與傳統家庭相比，他們朝平等的方向發展，其建議，由於夫妻均出外工作，且分擔家務，因此不要強調以性別為基礎的角色規範及區辨模式。角色區辨可以透過一種稱為「交叉 (cross-over)」的過程 (Giele, 1980)；交叉是男女用以交換傳統性別期待中男女天職的機轉，即女性執行某些傳統上認為是男性職責的事，如出外就業；而男性則做傳統上視為女性應做的家事。這並不表示男女性都做一樣的事。而是指有更多的重疊，及減少以傳統性角色為基礎的區隔。

傳統家庭部分角色分享，與對稱家庭廣泛性的角色及責任分享的區別，主要在於責任。對稱家庭中的妻子也是供給者之一，有責任對家庭做經濟貢獻。此外，對稱家庭中，丈夫不僅是「幫忙」妻子做家事，而且是應對家事有責任，這時責任和家務執行都比較對稱。

對稱角色分配的發展，受男女性工作及家庭中既存的不對稱界線所阻礙。女性的工作生涯比較容易受家庭干擾，而男性的家庭生涯容易受工作干擾（Pleck, 1977b）。對稱角色分配與傳統模式相比，需要男性對家庭需要多投入，女性對工作需要多配合（Bailyn, 1977, 1978; Pleck, 1977b）。對稱角色亦意味著丈夫及妻子對工作和家庭有較均衡的投入（Rapoport et al., 1974; Scanzoni and Scanzoni, 1981, Young and Willmott, 1973）。

雖然職業婦女需要這類型的角色分配，然而其實現的進展很慢。即使職業婦女的丈夫在這幾年有稍微增加做家事的時間，女性仍比男性花較多的時間在做家事上（Pleck, 1983; Szinovacz, 1984）。很多男性及某些女性拒絕朝對稱角色分配的方面改變（Lein, 1979; Tognoli, 1979）。Laura Lein（1979）探討了傳統丈夫對改變之曖昧及拒絕態度，雖然這些丈夫了解妻子對家庭的經濟貢獻，他們亦視自己賺錢的角色為對家庭的最大貢獻。這種觀點受他們的男性友人，及不願意放手家務的妻子所增強。

Jane Hood對職業婦女及其丈夫的研究，提供說明抗拒的例子：

> 如果他（她老公，馬丁）曾有煮東西的傻念頭，那結果一定會令人厭惡。現在，當大兒子在的時候，他煮飯，而我則試著遠離廚房。如果馬丁以前真對煮飯有興趣，我也會有相同的反應…兩個人同時使用廚房不是一件簡單的事…不是你煮，就是我煮。

一起做反而容易把事情搞砸〔Hood, 1983: 101〕。

> 我想做好自己分內的事。我認為她對家庭也有責任。比方說,我不認為我該煮飯。但是,我會幫她做很多其它的事。對於那些事,到底是誰應該負責,我認為那些是她的事。…即使講平等也沒用。每個人都有自己的責任〔Hood, 1983: 105〕。

對男女性避免因為同時扮演兩種角色,而且工作角色又缺乏彈性所造成的負擔過重及干擾,所以工作結構的改變是必要的。若丈夫及妻子在生命過程中,均企圖追求事業發展,則對稱角色分配的發展可以減少女性負擔過重及干擾。然而,對夫妻而言,外在需求的可能性還是很大。此外,單親家庭的家長無法利用角色階段化及分配以減少要求,負擔過重可藉非全職工作、工作分享而加以降低,至於干擾,則可藉調整工作時間加以處理。工作組織的改變,及處理這些問題的方式,將在下一章討論。

摘要

本章以多重角色的不同觀點,探討工作和家庭的角色扮演。角色緊張和角色延伸理論,在討論多重角色對個人影響的觀點不同。實證研究女性多重角色對健康及家庭生活影響的結果顯示,影響是複雜又多變的。針對雙薪家庭女性的研究發現，許多用來協調扮演多重角色衝突的應對方法。

　　個人在生命過程中必須協調工作和家庭角色。藉發展工作／家庭生命週期的觀念，及討論工作／家庭角色協調的機轉，以分析協調的方式。大多數的個人在扮演工作和家庭角色時，必須設法加以協調。工作和家庭角色組成不同階段的生涯，而每一階段因其需求、身分、歷史及未來不同而異。這些階段及相關的需求在生命過程中相交，而形成工作／家庭生命週期的不同階段。多重角色活動及關係組成的需求，可能造成工作／家庭負擔過重及干擾。個人使用不同機轉以形成可行的活動及關係模式。這些機轉包括工作／家庭角色階段化，及工作／家庭角色分配。

問題討論

*1.*何謂角色分配？

*2.*多重身分如何幫助個人扮演多重角色？

*3.*比較及對照下列因應方式：結構性角色再定義、個人角色再定義，及反應角色行為。

4.「對稱家庭」的意義為何？對稱家庭在什麼狀況下會發生？

*5.*列出並解釋工作／家庭生命週期的各階段。

建議作業

1. 列出你本身的工作和家庭角色。與他們有關的活動、身分、報酬及責任有那些？你是否有角色緊張或衝突的困擾？你如何減少這類衝突？

2. 考慮電視上典型的家庭類型。那些是對稱家庭類型？那些是傳統家庭類型？通常在這些家庭裡，工作和家庭角色的問題是如何加以解決？這些解決方式是否實際可行？

第六章
政策

前面幾章藉探討男性和女性工作者——賺錢者的角色，及工作角色特質和家庭生活之間的關係，說明工作和家庭生活的互賴關係。我們也討論個人協調工作和家庭需求的方法。本章探討針對工作和家庭互賴關係造成的家庭需要，公共政策及私人企業面對此一課題時應如何處理。經濟政策回應有關扮演工作者——賺錢者角色所造成的問題。家庭取向的人事規定則改變工作角色特質對家庭生活的影響。

經濟政策

第二章探討家庭提供經濟資源的責任，工作者——賺錢者角色在提供這些資源所扮演的角色，及家庭欲獲得資源所面臨的問題。本章在這一段將討論幫助個人和家庭滿足其經濟需求的部分經濟政策；這些政策在規劃時，以避免和減少經濟壓力爲目標。經濟壓力包括：(1)工作不穩定性及不確定性；和(2)經濟剝奪和壓力。主要政策範圍包括全民就業、收入補助、男女性就業歧視，及薪資所得差異。

全民就業

雖然美國政府自1946年起，即將全民就業列爲國家目標，政府並沒有一個周全的政策以便讓所有願意工作及有工作能力的人就業。公私立創造工作計畫及在職訓練計畫在不同時間紛紛成立，尤其是高失業期；這些計畫內容因其提供工作的方式及工作種類而異。就業不穩定性和不確定性的避免或減少的主要方式包括：增加就業機會、維持就業及再就業。

增加就業機會 (job creation) 從1981年雷根政府便以促進經濟發展的模式，來創造就業機會，透過經濟成長，希望增加新工作。在1980年代初期經濟不景氣，以前被認爲不能接受的失業率，在當時被視爲是經濟復甦及低通貨膨漲的代價。

另一種模式建議，追求經濟成長的政策應加上透過外界增加就業機會及工作保留的方法，讓被淘汰的工人有工作。增加就業的政策，在解決某些方面的失業特別有效，如經濟不景氣所造成的失業、經濟結構改變引起的失業及工作能力不足導致的長期失業 (Buss and Redburn, 1983)。爲減低或避免某一類型失業，常會波及就業市場的其它部分 (Ferman and Gardner, 1979)；舉例而言，一個失業的技術工人可能會找比較不用技術的工作，如洗車或端盤子，因此減少沒有工作工人的工作機會。另外，增加穩定、收入較高、有發展性的工作還比低技術工作、沒有發展性工作或臨時工要好得多。

維持就業 (job retention) 工作不穩定性和不確定性的減少也可藉維持就業的方式，如共同分享職務，又稱共職 (job sharing) 來避免工廠關閉，或用相關的規定來達成目標。共職是利用減少工作時數來代替裁員。為避免因共職而減少收入，需要失業保險補償工作時數減少造成的收入損失。共職對工作者有下列好處，如工作分配較為公平、收入減少不像失業那麼多、持續就業可維持個人供給者的角色及職業地位。然而，共職方案加上失業保險造成某些行政及成本問題 (Kerachsky et al., 1986)。除此之外，共職是非自願的非全職工作，並非解決工作不足的方法。

避免工廠關閉及相關規定能維持就業，並減少關廠所造成的工作不確定性。鼓勵或補貼員工或其他人購買收支平衡工廠的方案，避免工廠關閉，並成為維持就業的可行方案 (King, 1982)。因經濟競爭和環境不同所造成的工廠遷移，若加以避免，並不一定能挽救工作；然而，其可減少工作驛動的壓力，或社區中因關廠以致失業所造成的壓力。

當關廠成為不可避免的情況，事前告知的規定對減少工作不確定性很重要。如果關廠沒有事先告知受雇者會造成受雇者們震驚及無助感。各州涉及關廠的法規不同，對事先告知的要求期限從一個月到一年，甚至一年以上都有。Sidney Cobb根據其有關兩個工廠關閉的研究建議，兩個月到三個月之前的告知對個人調整最適當，因爲太早告知會延長整個過程，而導致不必要的壓力 (Slote, 1969) 。然而，如果管理階層和員工將協商關廠之外的其它選擇，如員工購廠計畫，必須另外加以通知。

再就業 (reemployment) 　創造就業及維持就業是廣泛的結構模式以避免經濟壓力。其它減少家庭賺錢者失業所造成的經濟壓力的政策及方案，則是促進再就業。這些政策用三種方法回應失業，即：(1)找工作 (job search) ；(2)遷移 (relocation) ；(3)工作訓練 (job training) 。個人找工作的方法，包括利用州政府就業服務、私人就業服務、直接應徵、人事廣告及非正式社交關係。比較不正式的模式要比就業機構來得有效 (Buss and Redburn, 1983; Gordus et al., 1981; Kaufman, 1982) 。非正式的組織，如工作俱樂部除提供就業資訊外，還經常提供找工作的技巧及情緒支持。

某些企業藉提供經費讓員工找工作和搬家，或將員工調職到另一個地點，以便企業搬家。然而，搬家援助已被證明效果有限。在不景氣期間和高失業率時期，對大部分工作者而言，工作短缺排除了另謀高就的可能性。除此之外，最需要幫助以便再就業的勞工，如低教育程度及低工作能力的年老勞工，傾向抗拒搬家 (Gordus et al., 1981) 。最後，許多搬走的勞工因缺少家人和朋友的支持，無法適應新環境，而在短時間內返回原居住地方 (Margolis, 1982) 。

工作訓練是藉提昇工作技巧，或對本身技術已被淘汰的勞工再訓練，以促進再就業。然而，工作訓練的方案通常參

與率低,而且參與者的就業結果也不理想。參與率不多可能
是由於幾個因素,像是訓練時收入不足、對改變職業的抗拒
心理、對重返校園感到焦慮及年老有技術的勞工並不預期能
從中獲利 (Buss and Redburn, 1983; Gordus, 1984; Gor-
dus et al., 1981) 。在某些情況下,工作訓練並不一定導致
令人滿意的再就業,如新行業中工作機會不適合,或新工作
的社經地位較低。訓練計畫通常是訓練勞工做剛入行的職
位。這些職位對先前工作報酬不高的勞工有較多幫助,對有
技術、薪水不錯的勞工則沒有多大幫助。再訓練對不願意搬
遷的員工,接受度最高 (Kaufman, 1982) 。

收入補助

對有能力工作的個人而言,創造就業和維持就業的方案
是有用的,然而很多案例中,個人因沒有適當技術、殘障、
家庭責任或無法得到工作,而不能工作。還有些人則無法賺
取足夠的錢養家。對這些個人和家庭,需要收入補助以避免
經濟貧困。某些方案根據以往就業情況,提供福利;而政府
補助方案則根據經濟需要,提供福利。

失業救助 (unemployment benefits) 失業救助根據
工作者原先的所得及其就職期間的長短,提供協助以彌補失
業期減少的收入。然而,有關規定造成很多失業者無法接受
補助,估計僅約45%到50%失業者有接受補助 (Urban
League Review, 1976; Margolis, 1982) 。而其它的補助方
案,如失業津貼 (Supplemental Unemployment Bene-

fits)、退職金（Severance Pay）、撫卹金（Pension Vesting）、持續的健康保險（continued Health Insurance）、房屋貸款保護（Home Mortgage Protection）則有更多限制，所以失業救助的效果很有限。

政府補助（government transfers）　很多勞工因就業狀況不穩定，或工作技術的不足，而無法成為失業救助方案中的對象，需要政府補助計畫的協助。除上述情況之外，因長期失業耗盡所有失業援助資源的人，在清算資產後，也成為政府補助的對象。

主要政府支持的補助方案包括：失依兒童家庭扶助（Aid to Families with Dependent Children, AFDC）；一般福利（general welfare assistance）；非現金補助（non-cash benefits），如糧食券、住宿補助、醫療協助；及給遺族和殘障人士的社會安全（Social Security）。合格的標準及補助的多少，各方案均有不同。此外，各方案補助額度的多寡往往因不同州而有所差異。舉例來說，在1982年，AFDC每月補助金額在各州不盡相同，最高金額是美金573元，最低金額只有92元（Child Trends, Inc., 1983）；可以想見的是，受這些變數的影響，AFDC方案是不能將家庭收入提昇到貧窮之外的。在1981年多項預算協調方案（the Omnibus Budget Reconciliation Act）之前，一家三口，若父母親其中之一工作，其所得若與AFDC輔助對象收入相等，則其可支配收入約為貧窮標準的10%。這個百分比因州而異，最低是亞歷桑那州的67%，而最高值則是佛蒙特州的

130%。到了1982年，同樣的所得標準加上縮水的AFDC補助，使得收入約為貧窮標準的81%。各州的比例則從阿拉巴馬州及喬治亞州的12%，到羅德島96%不等 (U.S. Commission of Civil Rights, 1983)。

這些政府方案並沒有整合成一個總括性的政策，來保障美國家庭的最低收入。以過去就業經驗為基礎的方案及政府方案都不能滿意失業者及窮人的需要。由於補助的適用性、補助金額的多寡、補助期間的長短、不同程度的自尊傷害、對供給者角色的傷害及地位的損失、及減少經濟剝奪的程度等因素，而往往造成不公平，這些方案受這些因素左右，形成聊勝於無的支持系統。舉例而言，男性比較可能成為失業保險的補助對象，而女性則較依賴如AFDC的方案給予協助。因為失業保險是以先前工作經驗為基準，因此，不像政府補助方案如AFDC等會造成男性的恥辱感。

很多女性因配偶去世、離婚或是非法移民，而成為一家之主，但並沒有做好自給自足的準備。教育及訓練都需要時間。這種轉變是暫時性貧窮的主要原因，但若不妥善處理，可能會變成永久性貧窮。某些類型的家庭津貼提供女性照顧年幼子女，以及接受教育與工作訓練的機會。不管有沒有丈夫，女性必須了解不對就業做準備所可能造成的危機，即使她想當全職家庭主婦，亦不可掉以輕心。現有的福利方案並沒有提供受益人接受訓練及工作經驗，以幫助他們脫離貧窮的機會。

我們需要整體性就業及收入政策，以便減低家庭就業的不穩定及經濟壓力的問題。一個全民就業的政策必須加上針對沒有工作能力的人，及收入不夠養家的人的收入補助方案才算完整。由於研究已證實收入補助方案不會嚴重影響就業的動機（Kelly, 1985），上述兩種方式可以相輔相成以避免經濟壓力。

職業區隔及所得差距

　　在第二章我們討論男性與女性之間的職業區隔及所得差距。為改善這種現象，牽涉人事政策及職業中男女的同工同酬的方案。

　　人事政策（hiring policies）　1964年人權法案第七條（Title Ⅶ of the Civil Rights Act）及其平等工作法案規定，因性別、種族或國籍而造成在錄用、訓練、升等及薪資方面的歧視都是不合法的。聯邦機構，如平等就業機會委員會（the Equal Employment Opportunity Commission）即被設立以確定各法案的推行。在過去二十多年，不同法案都以減少職業中的性別歧視為目標。越來越多女性及少數族群在仍為男性主導的行業中就業，如高階層專業及管理階層、木匠、機械工、電話裝設及修理員、警察、消防隊及建築工人。然而，針對政府法規及執行方案的詰難仍不時發生，如最近法院有些官司即企圖剝奪女性及少數民族的保障雇用名額。

　　同工同酬（comparable worth）　通常建議針對低薪、工作沒有發展性的女性及少數民族提供協助，以便在男性主

導的行業中取得工作。女性及少數民族獲得高薪且有發展機
會的工作，會明顯地讓他們受益。除此之外，越多女性及少
數民族參與決策過程可以影響人事政策，因而讓在其它就業
市場的人受益。然而，我們的需要不止於此。很多女性從事
低薪、沒有發展性的工作，她們可能會爲某些更好的工作而
離職。但是這些低薪的工作能支持女性傳統照顧家庭的職
責，如照顧小孩、看護及其它服務業；如果這些服務的品質
及數量減少，則女性可能因其對受扶養人的傳統責任而無法
就業。因此，若要消除女性貧困的原因，則不止要讓女性做
重要的工作，也要讓女性就業時所需使用的服務業，品質升
級。

　　欲解決女性薪水偏低的方法之一是設立男女同工同酬方
案。1963年男女同酬方案（the Equal Pay Act）規定男女
同工同酬，所謂「同工」是指若工作「需要同等技術、努力
和責任……並在相同的工作環境」（U.S. Commission on
Civil Rights, 1983: 25）。另一方面，所謂「同酬」是指「在
同一組織內，若工作對組織的價值相同，則應付予相同的酬
勞，不論工作內容是否相似」（U.S. Commission on Civil
Rights, 1983: 25）。

　　研究顯示，在工作評估結果相似的情況下，女性的平均
薪水比男性少。這些工作評估通常以工作技術、努力、責任
及工作環境爲評估指標。舉例而言，華盛頓州的有照執業的
護士多爲女性，而糾察員則多爲男性，雖然二者在工作評估
上有相同結果；然而，糾察員每月平均比護士多賺406元美

金。在加州聖荷西，資深圖書館員平均每月比化學家少賺美金221元，雖然兩者工作評估的結果亦是相同 (U.S. Commission on Civil Rights, 1983) 。

這種爭取男女同工同酬的作法，仍有許多爭議。有人認為由於工作性質不同，因此藉工作評估方案以決定同工同酬並不適當；其他人認為薪水是由勞力市場的供需關係決定。無論如何，薪水多寡與各行業中性別不均的相關程度顯示薪水受性別影響。

最近幾年，法院開始有同工同酬的官司，而法院裁決也造成不同結果。在1985年，華盛頓州採取同工同酬法案，雖然某法院贊同同工同酬的判決被高等法院駁回。這種趨勢正逐漸增加其影響力，因其被做為減少就業性別歧視的工具。至於其是否有效，數年後應可分曉。

家庭取向的人事政策

由於意識到工作——角色特質對家庭生活品質及員工態度及生產力的影響，因此導致發展家庭取向的人事政策。家庭取向的人事規定回應在第四章中提過的工作——角色特質對家庭生活的影響。這些特質包括工作時數、上班時間表、工作造成的驛動、有關工作的生理及心理需求等等。這一部分將討論家庭取向的人事規定，包括上班時間的調整、親職假、托育服務、彈性福利計畫、諮商及教育方案和遷移計畫。

首先，我們將分別從家庭及企業觀點，介紹家庭取向的人事政策。

家庭觀點

最近資料顯示，父母親及對家庭福利有興趣的人，都意識到職業父母對家庭取向的人事規定的需要。舉例來說，1980年白宮家庭會議 (White House Conference on Families) 推舉應制定的法律之中，最高票的是家庭取向的人事政策，包括彈性工時、非全職雇員或與他人共享一職位的人也應享有員工福利、請假規定、調職規定及子女照顧 (White House Conference on Families, 1980)。除此之外，由Louis Harris以及美國General Mills的家庭報告學會 (Association for the General Mills American Family Report) 所進行的一項全國性調查發現 (Harris and Associates, 1981)，家庭成員，尤其是職業母親，指出幾項能幫助他們均衡家庭及工作責任的人事政策及福利方案。最有用的方案包括選擇滿足他們需要的福利的自由 (即彈性福利方案)，及幾種類型的彈性工時。育嬰假及在工作場所中設置托育設施，則並不大被認為有用。

這些資料顯示職業父母比較喜歡人事規定中，提供滿足某些需要的彈性，但不要以這些需要為目標的人事規定。這種方式最適合工作／家庭生命週期中不斷改變的家庭需要。舉例而言，有幼年子女的父母與子女已成年而準備退休的父母，他們的福利需求並不相同。若再細分，則學齡前子女的

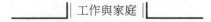

家庭與學齡期子女的家庭，他們對托育服務的需要亦不盡相同。

企業觀點

　　由於男性及女性員工屬於雙生涯家庭的數目日漸增加，因此企業發現必須調整人事政策，以滿足這些員工的需要。希望藉著這些政策的改變來吸引並留住有創造力的員工。舉例而言，家庭取向的人事規定，如彈性上下班時間及子女托育，在雇用大批護士的醫院是很常見的規定，尤其是在護士荒的時候。

　　最近研究發現，企業仍有設立額外規定的空間。在1980年由Catalyst針對在《財星雜誌》排行前1300家企業工作的374位受訪者的調查發現，贊同家庭取向人事政策與實際執行者之間存在一巨大鴻溝。如下列數據顯示：

	有執行	贊同
彈性上下班	37%	73%
彈性福利方案	8%	62%
子女教育津貼	19%	54%

　　四分之三的企業代表表示關切雙生涯家庭的問題，因為其可能對招募員工、員工向心力、生產力及獲利率有所影響。在Louis Harris-General Mills的調查研究中發現：受訪的

人事主管預期他們的公司在未來五年內會採用下列福利及規定，包括：在工作場合中設立育嬰設施、彈性福利方案、與他人共有一個職位（共職）及數種彈性工作時間（Harris and Associates, 1981）。

除了企業界，軍隊也發展周詳計畫以滿足家庭需要。直到不久以前，軍隊的規定仍假設軍隊中大部分成員，尤其是非軍官階級，都是未婚。在過去十年之中，軍隊中已婚成員的數目激增。這個改變造成留職率降低。針對這個現象，軍隊發展各種家庭取向方案，包括：家庭支持中心、處理家庭暴力及財務管理的方案、子女照顧方案及減少分居或搬家過於頻繁所引起問題的方案。

上班時間的調整

除了每週五天，朝九晚五的上班時間外，不同的上班時間是最常見的家庭取向人事規定。上班時間的調整方式包括在第四章討論過的彈性工時及非全職工作。這些方式之所以普及是因為他們適合企業的需要。舉例來說，彈性工時原本設計的目的是為了減少通勤時間、節約能源、更有效率地使用昂貴設備及延長營業時間以滿足顧客需要。很多零售業及銀行，在尖峰時段需要非全職員工的人力。這些方式之所以被視為家庭取向的人事規定，是因為他們被員工用來協調工作／家庭角色。彈性工時的員工，當小孩在家時，他們比較有可能也在家；而女性員工喜歡非全職工作因為可以避免或降低負擔過重。然而，非全職工作通常也沒有員工福利及升遷機會。

親職假

　　有關親職假的規定，主要焦點在兩方面：因懷孕及生產的產假，及育嬰假。產假通常是六個禮拜的有給假（Axel, 1985）。雖然公司人事運作可能有性別歧視，但生產假是有法律明文規定的。1978年的懷孕歧視法案（the Pregnancy Discrimination Act）規定公司若提供健康保險，或准許因醫療原因而請假，則必須將懷孕及生產視爲就醫情況。

　　近來所謂的親職假主要是指產假。目前某些大企業已開始提供無給的育嬰假。通常，最多只能請三個月的假。如果女性員工在假期期滿之前返回工作崗位，雇主通常保證會給予一個與請假前職位相當的工作（Axel, 1985）。

　　最近，開始有人嘗試讓男性員工也可以請育嬰假。在本書寫作的時候，只有極少數的方案提供男性有給或無給的育嬰假（Pleck, 1986）。在1986年春天，親職假及醫療假方案（the Parental and Medical Leave Act）被送入國會。這個法案將規定雇主提供至少18週留職停薪，以便父親或母親在家照顧新生兒、領養的子女，或生重病的子女。有人認爲，由於大眾普遍將懷孕視爲一種女性醫療行爲，使得讓男性和女性都有親職假的情況受影響。將生產視爲包括育嬰的過程，可爭取更多對父母親均應有親職假的支持。這種模式，亦被主張養父母亦應享有親職假的人所採用。

兒童托育

　　雖然Harris調查的研究中，職業父母並不認為工作場所的托育設施對他們有所幫助，但是托育設施的需要還是很重要的。不論父母親喜歡工作場所設立托育設備，或父母親寧可有自主的彈性以做其它安排，職業父母必須照顧每個小孩好幾年。缺乏適當的托育會阻礙父母親，尤其是母親去從事需要的工作，也限制他們做非全職、低薪、又沒有升遷機會的工作，甚至會阻擋他們爭取升遷，或尋找必須大量投入或參與的工作（U.S. Commission on Civil Rights, 1981）。

　　在任何時間，不同托育服務安排中的孩子總數是很難加以估計。然而，父母親使用各種不同類型的托育服務安排，不少父母親甚至在同一時期使用不止一種的托育安排。三歲到五歲職業婦女的小孩，有70%以上是某種團體托育安排的成員，例如幼稚園或托兒所。在1980年，大約有三分之一的上述兒童是參與全天的托育方案。在1977年，全職職業婦女的三歲或四歲子女，其中有42%是交給別人托育，最普遍的是家庭式托育，由一個成人照顧幾個小孩。這些數據顯示托育的類型有所重疊。很多婦女的工作時間要比托育中心及托兒所的營業時間要長，三歲以下的小孩最有可能被放在家庭式的托育中心。在1977年，有三歲以下子女的職業婦女，大約有三分之一採用這種方式。有些家庭則另做安排，例如父母親在不同時間工作；所以不論何時，至少有一個人在家照顧子女（Kamerman, 1983）。

　　某些企業考慮提供照顧員工子女的方式，以招募並留住

優秀的員工，以及降低曠職率及流動率。這些照顧員工子女
的方式類型及內容，取決於政府對提供托育方案的雇主的稅
務上的優惠。在工作場合設立托育設施只是方法之一，以企
業增加給職業父母的托育資源的方式來看，通常這是最不可
行的方式。企業提供托育的其它協助方式，包括：既存的托
育方案、資訊、家庭日間托育方案、「照顧生病子女」方案、
課後方案、提供托育用的招待券、將托育列為彈性福利方案
選擇之一、在托育中心購買時段供員工使用。此外，有些企
業將被扶養列入托育規定之中，讓包括生病、殘障及老人等
家庭成員，都和幼年子女一樣享有福利。

彈性福利方案

　　員工福利占個人工作所得的一大部分。最近研究估計指
出，員工福利平均約占平常薪資所得的37%以上（Axel,
1985）。因此，員工福利對雇主及員工都有很大的影響。傳
統員工福利包括社會安全稅、失業保險稅、生命及健康險、
退休金，及有給假期和病假。彈性福利方案讓員工根據自己
的需要，選擇福利方案。舉例而言，雙薪家庭中，由於夫妻
的公司都有提供健康保險，因此其中一人可以不要健康保
險，藉以交換假期或人壽保險。

　　因為家庭結構的多樣性，及工作／家庭生命週期中，家
庭造成不同的工作問題，彈性福利方案能幫助家庭及職業父
母。彈性福利方案也可以協助企業控制成本，而對不同家庭
狀況的員工也比較公平。在1978年稅法提供企業免稅額，因

此許多大企業開始提供彈性福利方案。然而，1984年，國稅局 (the Internal Revenue Service)、財政部及國會修改1978年核定的免稅額 (Karp, 1985)。但在最近的稅務改革行動中，仍延用1984年的法規。

諮商及教育方案

諮商及教育方案在最近幾年普及率增加，並廣受歡迎。這些方案回應某些工作／家庭問題，如親職、協調工作和家庭責任、工作壓力及財務管理技巧。許多員工諮商方案是包括在員工協助方案 (Employee Assistance Programs，簡稱EAPs) 之中。員工協助方案原本是處理酗酒及藥物濫用問題。近年來，這些方案的範圍擴大，也處理著其它方面的問題，如婚姻／家庭失和、工作壓力、法律或財務困難及情緒或社交問題。雇主之所以關切這些問題，主要因為這些問題會造成下列現象，包括：遲到、缺席率高、工作品質及工作量降低、生病及意外保險增加及醫療福利使用率偏高。

教育方面的方案也有助工作／家庭的問題。私人顧問公司及組織，如州政府生涯教育單位都有這方面課程，通常透過企業人事部門，提供給員工團體。這些課程包括：單親家庭和雙薪家庭的親職教育、兒童發展、時間及精力管理、工作和家庭生活的平衡、家庭責任分配、強化家庭生活及健康和健身等。通常在午餐時段或下班後，於公司舉行。這些方案對雇主而言，是一種經濟的方式以協助員工協調工作／家庭角色。

驛動

在第四章中，我們討論過調職和驛動（relocation）對雇主、員工和家庭的重要性。直到最近，企業對管理階層及專業人士提供的異動方案中，包括下列福利，如購買員工現有的房子、搬運家當及搬家過程中的生活津貼。由於過去十年內，搬家的成本增加，某些企業增加津貼，如房貸利息差額的津貼、房貸、生活費補助、貸款及加薪（Moore, 1981）。某些雇主提供有關新社區的學校、交通及住宿方面的資訊。由於雙薪家庭日益普遍，企業開始協助配偶在新社區找工作，方式包括準備履歷表及安排面試。除此之外，某些公司亦修正有關調職的規定，使其更具彈性，這些方式包括提供員工更多有關調職次數、時機及地點的選擇。

對男性及女性的影響

對於男性及女性在工作／家庭生命週期中，工作／家庭角色的協調，上述規定可能有所幫助，然而，如果與這些方式有關聯的道德規範及社會期待，阻礙了男性及女性去使用他們，那麼，即使改變工作結構，或提供促進工作／家庭整合的方案也將沒有作用。正如Pleck（1986）指出，藉由家庭取向的人事規定企圖去除結構式障礙的方式，並不意味沒有動機、能力及支持的父親們，會因而增加其家庭角色參與。由於很多家庭取向的人事政策被視為適合女性，對男性則不然，因此男性沒有大幅使用這些方案的現象，並不令人驚訝。

事業上處罰的暗示也與家庭取向的人事規定的使用有

關。舉例來說，雖然員工被告知拒絕調職不會有處罰。然而，如果員工拒絕的次數比公司一般可以接受的次數多，那麼他或她會被視爲對工作沒有向心力，而與以後的升遷絕緣。

如果使用增進工作／家庭整合的政策，被視爲女人的專利，或是事業發展的阻礙，則男性和女性若想兼顧事業和家庭，只有一再面對兩難的抉擇。Janet和Larry Hunt（1977）建議，未來會出現兩種主流勞工，也就是工作取向不生小孩的勞工，及家庭取向的父母。這種現象會迫使家庭做勉強的選擇，並對有子女的家庭造成經濟困難。

對男性及女性提供家庭取向的人事規定，對家庭生活及工作場所都有好處。女性及家庭都不用承受事業發展的障礙，而男性對結合工作及家庭角色也有更多選擇。除此之外，對就業市場及國家經濟而言，也有更多人力可以參與投入。

摘要

上述規定回應工作和家庭角色協調的兩大部分。經濟政策回應有關執行工作者——賺錢者角色所造成的問題，包括就業、收入不足及雇用政策和薪資方面的歧視。家庭取向的人事政策是雇主設計，藉以吸引並留住員工，降低曠職率、流動率及低生產力。這些規定回應雇主的不安，因爲這些規定可以降低工作角色特質及家庭生活需求所造成的工作／家庭過分負擔及干擾。家庭取向的人事政策對員工、家庭及雇主都有好處。其方式包括：彈性工作時段、親職假、兒童托育、彈性福利方案、諮商及教育方案及驛動規定等。

問題討論

1. 可能減低工作不穩定性及不確定性的公共政策有那些？
2. 解釋為何失業人士需要收入補助方案？
3. 試解釋男女就業的性別歧視的意義？
4. 以解決男女性薪資差異為目標的公共政策有那些？
5. 舉例說明那些人事規定可以直接影響家庭福利？

建議作業

1. 假設你剛當上有關方面的官員。你會推動那些方案以強化我國的家庭？你會用那些論點以爭取支持？你預期你的同僚及支持者會如何批評你？
2. 找一位在大企業任職的員工，針對其公司的人事規定做訪問。這些規定是否可以滿足雙薪家庭的需求？

參考文獻

ALDOUS, J. (1978) Family Careers: Developmental Change in Families. New York: John Wiley.

ALDOUS, J., M. OSMOND, and M. HICKS (1979) "Men's work and men's families," pp. 227-256 in W. Burr et al. (eds.) Contemporary Theories about the Family, vol. 1. New York: Free Press.

ANDERSON, R. N. (1980) "Rural plant closures: the coping behavior of Filipinos in Hawaii." Family Relations 29: 511-516.

ANESHENSEL, C. S. (1986) "Marital and employment role-strain, social support, and depression among adult women," in S. E. Hobfoll (ed.) Stress, Social Support, and Women. Washington, DC: Hemisphere.

ANESHENSEL, C., R. R. FRERICHS, and V. A. CLARK (1982) "Family roles and sex differences in depression." Journal of Health and Social Behavior 22: 379-393.

ANGELL, R. C. (1936) The Family Encounters the Depression. New York: Scribner.

AXEL, H. (1985) Corporations and Families: Changing Practices and Perspectives. New York: Conference Board.

BAILYN, L. (1970) "Career and family orientations of husbands and wives in relation to marital happiness." Human Relations 23: 97-113.

BAILYN, L. (1977) "Involvement and accommodation in technical careers," pp. 109-132 in J. Van Maanen (ed.) Organizational Careers. New York: John Wiley.

BAILYN, L. (1978) "Accommodation of work to family," pp. 159-174 in R. Rapoport and R. Rapoport (eds.) Working Couples. New York: Harper & Row.

BAILYN, L. and E. SCHEIN (1976) "Life/career considerations as indicators of quality of employment," pp. 151-163 in A. D. Biderman and T. F. Drury (eds.) Measuring Work Quality for Social Reporting. Beverly Hills, CA: Sage.

BAKKE, E. W. (1940) Citizens Without Work. New Haven: Yale University Press.
BARRETT, N. S. (1979a) "Women in the job market: occupations, earnings, and career opportunities," pp. 31-61 in R. E. Smith (ed.) The Subtle Revolution. Washington, DC: Urban Institute.
BARRETT, N. S. (1979b) "Women in the job market: unemployment and work schedules," in R. E. Smith (ed.) The Subtle Revolution. Washington, DC: Urban Institute.
BARTLETT, R. L. and C. CALLAHAN, III (1984) "Wage determination and marital status: another look." Industrial Relations 23: 90-96.
BEBBINGTON, A. C. (1973) "The function of stress in the establishment of the dual-career family." Journal of Marriage and the Family 35: 530-537.
BERNARD, J. (1971) Women and the Public Interest. Chicago: Aldine, Atherton.
BEST, F. (1980) Flexible Life Scheduling. New York: Praeger.
BEUTELL, N. J. and J. H. GREENHAUS (1983) "Integration of home and non-home roles: women's conflict and coping behavior." Journal of Applied Psychology 68: 43-48.
BLAKELY, E. J. and P. P. SHAPIRA (1984) "Industrial restructuring and policies for public investment in advanced industrial societies." Annals of the American Academy of Political and Social Science 475: 96-109.
BLECHMAN, E. A. (1982) "Are children with one parent at psychological risk?" Journal of Marriage and the Family 44: 179-195.

BOHEN, H. and A. VIVEROS-LONG (1981) Balancing Jobs and Family Life. Philadelphia: Temple University Press.
BOSS, P. G., H. I. McCUBBIN, and G. LESTER (1979) "The corporate executive wife's coping patterns in response to routine husband/father absence." Family Process 18: 79-86.
BOULD, S. (1977) "Female-headed families: personal fate control and the provider role." Journal of Marriage and the Family 39: 339-349.
BRETT, J. M. (1982) "Job transfer and well-being." Journal of Applied Psychology 67: 450-463.
BRETT, J. M. and J. D. WERBEL (1980) "The effect of job transfer on employees and their families." Washington, DC: Employee Relocation Council.
BRODY, E. (1985) "Parent care as a normative family stress." Gerontologist 25: 19-29.
BRONFENBRENNER, U. and A. C. CROUTER (1982) "Work and family through time and space," pp. 39-83 in S. B. Kamerman and S. D. Hayes (eds.) Families That Work. Washington, DC: National Academy Press.
BURDEN, D. S. (1986) "Single parents and the work setting: the impact of multiple job/homelife responsibilities." Family Relations 35: 37-43.
BURKE, R. J. and T. WEIR (1975) "The husband-wife relationship." Business

Quarterly 40: 62-67.

BURKE, R. J. and T. WEIR (1977) "Marital helping relationships." Journal of Psychology 95: 121-130.

BURKE, R. J., T. WEIR, and R. F. DuWORS, Jr. (1980) "Work demands on administrators and spouse well-being." Human Relations 33: 253-278.

BURR, W. R., G. K. LEIGH, R. D. DAY, and J. CONSTANTINE (1979) "Symbolic interaction and the family," pp. 42-111 in W.R. Burr et al. (eds.) Contemporary Theories about the Family, vol. II. New York: Free Press.

BUSS, T. F., and F. S. REDBURN (1983) Shutdown at Youngstown. Albany: State University of New York Press.

BUSS, T. F. and F. S. REDBURN with J. WALDRUN (1983) Mass Unemployment: Plant Closings and Community Mental Health. Beverly Hills, CA: Sage.

Catalyst (1981) Corporations and Two-Career Families. New York: Author.

CAVAN, R. S. and K. H. RANCK (1938) The Family and the Depression. Chicago: University of Chicago Press.

CAZENAVE, N. A. (1979) "Middle-income black fathers: an analysis of the provider role." Family Coordinator 28: 583-593.

CHENOWETH, L. and E. MARET (1980) "The career patterns of mature American women." Sociology of Work and Occupations 7: 222-251.

CHERLIN, A. (1979) "Work life and marital dissolution," in G. Levinger and O. C. Moles (eds.) Divorce and Separation: Context, Causes, and Consequences. New York: Basic Books.

Child Trends, Inc. (1983) U.S. Children and Their Families. Washington: Government Printing Office.

CLEARY, P. and D. MECHANIC (1983) "Sex differences in psychological distress among married people." Journal of Health and Social Behavior 24: 111-121.

COBB, S. and S. KASL (1977) Termination. Cincinnati, OH: National Institute of Occupational Safety and Health.

COHEN, J. (1979) "Male roles in mid-life." Family Coordinator 28: 465-471.

COHN, R. M. (1978) "The effect of employment status change on self-attitudes." Social Psychology 41: 81-93.

COOKE, R. A. and D. M. ROUSSEAU (1984) "Stress and strain from family roles and work-role expectations." Journal of Applied Psychology 69: 252-260.

COSER, R. L. (1985) "Power lost and status gained: the American middle-class husband." Presented at the Annual Meeting of the American Sociological Association, Washington, DC.

COSTELLO, J. (1976) "Why more managers are refusing transfers." Nation's Business (October): 4-5.

CRAMER, J. C. (1980) "Fertility and female employment: problems of causal direction." American Sociological Review 45: 167-190.

DANIELS, P. and K. WEINGARTEN (1982) Sooner or Later: The Timing of Parenthood in Adult Lives. New York: W.W. Norton.

DEMPSTER-McCLAIN, D. I. and P. MOEN (1983) "Work-time involvement and preferences of employed parents." Presented at the Annual Meeting of the National Council on Family Relations, St. Paul, MN.

DEVALL, E., Z. STONEMAN, and G. BRODY (1986) "The impact of divorce and maternal employment on pre-adolescent children." Family Relations 35: 153-159.

DEVENS, R. M., Jr., C. B. LEON, and D. L. SPRINKLE (1985) "Employment and unemployment in 1984: a second year of strong growth in jobs." Monthly Labor Review (February): 3-15.

DIZARD, J. (1968) Social Change in the Family. Chicago: University of Chicago.

DUNCAN, G. J. (1984) Years of Poverty, Years of Plenty. Ann Arbor, MI: Institute for Social Research.

DUNCAN, G. J. and S. D. HOFFMAN (1985) "A reconsideration of the economic consequences of marital dissolution." Demography 22: 485-497.

DUNCAN, R. P. and C. PERRUCCI (1976) "Dual occupation families and migration." American Sociological Review 41: 252-261.

EDGELL, S. (1970) "Spiralists: their careers and family lives." British Journal of Sociology 21: 314-323.

ELDER, G. H., Jr. (1974) Children of the Great Depression. Chicago: University of Chicago.

ELDER, G. H., Jr. (1977) "Family history and the life course." Journal of Family History 2: 279-304.

ELDER, G. H., Jr., T. VAN NGUYEN, and A. CASPI (1985) "Linking family hardship to children's lives." Child Development 56: 361-375.

ELMAN, M. R. and L. A. GILBERT (1984) "Coping strategies for role conflict in married professional women with children." Family Relations 33: 317-327.

ESTES, R. J. and H. L. WILENSKY (1978) "Life cycle squeeze and the morale curve." Social Problems 25: 227-292.

FARRAN, D. C. and L. H. MARGOLIS (1983) "The impact of paternal job loss on the family." Presented at the Annual Meeting of the Society for Research in Child Development, Detroit.

FELDBERG, R. L. and E. GLENN (1979) "Male and female: job versus gender models in the sociology of work." Social Problems 26: 524-538.

FELMLEE, D. H. (1984) "A dynamic analysis of women's employment exits." Demography 21: 171-183.

FERMAN, L. A. and J. GARDNER (1979) "Economic deprivation, social mobility, and mental health," pp. 193-224 in L. A. Ferman and J. P. Gordus

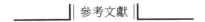

(eds.) Mental Health and the Economy. Kalamazoo, MI: Upjohn Institute.

FIGUERIA-McDONALD, J. (1978) "Mental health among unemployed Detroiters." Social Service Review 52: 383-399.

FINCH, J. (1983) Married to the Job: Wive's Incorporation in Men's Work. London: Allen & Unwin.

FINN, P. (1981) "The effects of shift work on the lives of employees." Monthly Labor Review: 31-34.

FLAIM, P. O. and E. SEHGAL (1985) "Displaced workers of 1979-83: how well have they fared?" Monthly Labor Review (June): 3-16.

FOOTE, N. N. (1963) "Matching of husband and wife in phases of development," pp. 15-21 in M. B. Sussman (ed.) Sourcebook in Marriage and the Family. Boston: Houghton Mifflin.

FOSTER, M. A., B. S. WALLSTON, and M. BERGER (1980) "Feminist orientation and job-seeking behavior among dual-career couples." Sex Roles 6: 59-65.

FOX, G. L., R. F. KELLY, and A. W. SHELDON (1982) "Family responses to economic distress in the Detroit metropolitan area." Presented at the Annual Meetings of the North Central Sociological Association, Detroit.

FOX, M. F. and S. HESSE-BIBER (1983) American Women at Work. Palo Alto, CA: Mayfield Publishing Company.

FURSTENBERG, F. (1974) "Work experience and family life," in J. O'Toole (ed.) Work and the Quality of Life. Cambridge, MA: MIT Press.

GAYLORD, M. (1979) "Relocation and the corporate family: unexplored issues." Social Work (May): 186-191.

GERSTEL, N. and H. GROSS (1984) Commuter Marriage. New York: Guilford.

GIELE, J. Z. (1980) "Crossovers: new themes in adult roles and the life cycle," pp. 3-15 in D. G. McGuigan (ed.) Women's Lives. Ann Arbor: University of Michigan.

GONGLA, P. A. (1982) "Single parent families: a look at families of mothers and children." Marriage and Family Review 5: 5-27.

GOODE, W. J. (1960) "A theory of role strain." American Sociological Review 25: 483-496.

GORDUS, J. P. (1984) "The human resource implications of plant shutdowns." Annals of the American Academy of Political and Social Science 475: 66-79.

GORDUS, J. P., P. JARLEY, and L. A. FERMAN (1981) Plant Closings and Economic Dislocation. Kalamazoo, MI: Upjohn Institute.

GORE, S. (1977) "Social supports and unemployment stress." Presented at the Annual Meeting of the American Sociological Association.

GORE, S. and T. W. MANGIONE (1983) "Social roles, sex roles and psychological distress." Journal of Health and Social Behavior 24: 300-312.

GOULD, S. and J. D. WERBEL (1983) "Work involvement: a comparison of dual wage earner and single wage earner families." Journal of Applied Psychology 68: 313-319.

GOVE, W. R. and M. R. GEERKEN (1977) "The effect of children and employment on the mental health of married men and women." Social Forces 56: 66-85.

GREENHAUS, J. H. and R. E. KOPELMAN (1981) "Conflict between work and nonwork roles: implications for the career planning process." Human Resource Planning 4: 1-10.

GRIMM, J. W. and R. N. STERN (1974) "Sex roles and internal labor market structures: the 'female' semi-professions." Social Problems 21: 690-705.

GROAT, H. T., R. L. WORKMAN, and A. G. NEAL (1976) "Labor force participation and family formation." Demography 13: 115-125.

GROSSMAN, A. S. (1982) "More than half of all children have working mothers." Monthly Labor Review 195: 41-43.

GUSFIELD, J. (1961) "Occupational roles and forms of enterprise." American Journal of Sociology 66: 571-580.

HALL, D. T. (1972) "A model of coping with role conflict." Administrative Science Quarterly 4: 471-486.

HALL, F. S. and D. T. HALL (1979) The Two-Career Couple. Reading, MA: Addison-Wesley.

HANSON, S. L. (1983) "A family life-cycle approach to the socioeconomic attainment of working women." Journal of Marriage and the Family 45: 323-338.

HAREVEN, T. (1977) Family and Kin in Urban Communities, 1700-1930. New York: New Viewpoints.

HARRIS, L. (1982) "Recession: direct hit on 1 family in 3." Detroit Free Press (December 9): 12A.

HARRIS, L. and Associates, Inc. (1981) Families at Work. Minneapolis, MN: General Mills, Inc.

HARRISON, A. and J. MINOR (1978) "Interrole conflict, coping strategies and satisfaction among black working wives." Journal of Marriage and the Family 40: 799-805.

HARRY, J. (1976) "Evolving sources of happiness for men over the life cycle: a structural analysis." Journal of Marriage and the Family 38: 289-296.

HAYGHE, H. (1981) "Husbands and wives as earners: an analysis of family data." Monthly Labor Review (February): 46-52.

HAYGHE, H. (1982) "Dual-earner families: their economic and demographic characteristics," pp. 27-40 in J. Aldous (ed.) Two Paychecks: Life in Dual-Earner Families. Beverly Hills, CA: Sage.

HAYGHE, H. (1984) "Working mothers reach record number in 1984." Monthly Labor Review (December): 31-34.

HAYGHE, H. (1986) "Rise in mothers' labor force activity includes those with infants." Monthly Labor Review (February): 43-45.

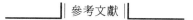

HAYNES, S. G. and M. FEINLEIB (1980) "Women, work and coronary heart disease." American Journal of Public Health 70: 133-141.

HEDGES, J. and E. SEKSCENSKI (1979) "Workers on late shifts in a changing economy." Monthly Labor Review 102 (September): 14-22.

HEDGES, J. N. and D. E. TAYLOR (1980) "Recent trends in worktime: hours edge downward." Monthly Labor Review (March): 3-11.

HILL, M. S. (1979) "The wage effects of marital status and children." Journal of Human Resources 14: 579-593.

HILL, R. (1964) "Methodological issues in family development research." Family Process 3: 186-206.

HILL, R. (1986) "Life cycle stages for types of single parent families." Family Relations 35: 19-29.

HILLER, D. V. and W. W. PHILLIBER (1986) "The division of labor in contemporary marriage: expectations, perceptions, and performance." Social Problems 33: 191-201.

HOFFERTH, S. L. (1984) "Long-term economic consequences for women of delayed childbearing and reduced family size." Demography 42: 141-155.

HOFFERTH, S. L. and K. A. MOORE (1979) "Early childbearing and later economic well-being." American Sociological Review 44: 784-815.

HOFFMAN, L. W. (1979) "Maternal employment: 1979." American Psychologist 34: 859-865.

HOOD, J. C. (1983) Becoming a Two-Job Family. New York: Praeger.

HOOD, J. C. (1986) "The provider role: Its meaning and measurement." Journal of Marriage and the Family 48 (May): 349-359.

HOOD, J. C. and S. GOLDEN (1979) "Beating time/making time." Family Coordinator 28: 575-582.

HORNUNG, C. A. and B. C. McCULLOUGH (1981) "Status relationships in dual-employment marriages: consequences for psychological well-being." Journal of Marriage and the Family 43: 125-141.

HORNUNG, C. A., B. C. McCULLOUGH, and T. SUGIMOTO (1981) "Status relationships in marriage: risk factors in spouse abuse." Journal of Marriage and the Family 43: 675-692.

HUDIS, P. M. (1976) "Commitment to work and to family: marital status differences in women's earning." Journal of Marriage and the Family 38: 267-278.

HUNT, J. G. and L. L. HUNT (1977) "Dilemmas and contradictions of status." Social Problems 24: 407-416.

JAHODA, M. (1982) Employment and Unemployment. New York: Cambridge University Press.

JOHNSON, B. L. (1980) "Marital and family characteristics of the labor force, March 1979." Monthly Labor Review (April): 48-52.

JOHNSON, B. L. and E. WALDMAN (1981) "Marital and family patterns of the labor force." Monthly Labor Review 104: 36-38.

JOHNSON, B. L. and E. WALDMAN (1983) "Most women who maintain families receive poor labor market returns." Monthly Labor Review (December): 30-34.

JONES, A. P. and M. C. BUTLER (1980) "A role transition approach to the stress of organizationally induced family role disruption." Journal of Marriage and the Family 42: 367-376.

JONES, S. B. (1973) "Geographic mobility as seen by the wife and mother." Journal of Marriage and the Family 35: 210-218.

KAMERMAN, S. B. (1983) "Child-care services: a national perspective." Monthly Labor Review (December): 35-39.

KANDEL, D. B., M. DAVIES, and V. H. RAVEIS (1985) "The stressfulness of daily social roles for women." Journal of Health and Social Behavior 26: 64-78.

KANIGEL, R. (1979) "Stay-put Americans." Human Behavior 8: 53-56.

KANTER, R. M. (1977a) Men and Women of the Corporation. New York: Basic Books.

KANTER, R. M. (1977b) Work and Family in the United States: A Critical Review and Agenda for Research and Policy. New York: Russell Sage.

KARP, R. (1985) "The attack on cafeteria plans." Institutional Investor (October): 229-234.

KATZ, M. H. and C. S. PIOTRKOWSKI (1983) "Correlates of family role strain among employed black women." Family Relations 32: 331-339.

KAUFMAN, H. G. (1982) Professionals in Search of Work: Coping with the Stress of Job Loss and Underemployment. New York: John Wiley.

KEITH, P. M. and R. B. SCHAFER (1980) "Role strain and depression in two-job families." Family Relations 29: 483-488.

KELLY, R. F. (1985) "Family policy analysis: The need to integrate qualitative and quantitative research methods." Sociological Methods and Research 13: 363-386.

KELLY, R. F., A. W. SHELDON, and G. L. FOX (1985) "The impact of economic dislocation on the health of children," pp. 94-111 in J. Boulet et al. (eds.) Understanding the Economic Crisis. Ann Arbor: University of Michigan.

KELLY, R. F. and P. VOYDANOFF (1985) "Work/family role strain among employed parents." Family Relations 34: 367-374.

KERACHSKY, S., W. NICHOLSON, E. CAVIN, and A. HERSHEY (1986) "Work sharing programs: an evaluation of their use." Monthly Labor Review (May): 31-33.

KING, C. (1982) The Social Impacts of Mass Layoff. Ann Arbor: Center for Research on Social Organization, University of Michigan.

KINGSTON, P. W. and S. L. NOCK (1985) "Consequences of the family work day." Journal of Marriage and the Family 47: 619-629.

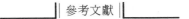

KLEIN, D. (1983) "Trends in employment and unemployment in families." Monthly Labor Review (December): 21-25.

KOHN, M. L. (1977) Class and Conformity. Chicago: University of Chicago Press.

KOHN, M. L. and C. SCHOOLER (1983) Work and Personality: An Inquiry Into the Impact of Social Stratification. Norwood, NJ: Ablex.

KOMAROVSKY, M. (1940) The Unemployed Man and His Family. New York: Dryden.

KRAUSE, N. and S. STRYKER (1980) "Job-related stress, economic stress, and psycho-physiological well-being." Presented at the Annual Meeting of the North Central Sociological Association, Dayton, OH.

LARSON, J. H. (1984) "The effect of husband's unemployment on marital and family relations in blue-collar families." Family Relations 33 (October): 503-511.

LEE, R. A. (1983) "Flextime and conjugal roles." Journal of Occupational Behavior 5: 297-315.

LEIN, L. (1979) "Male participation in home life." Family Coordinator 28: 489-495.

LEVENTMAN, P. G. (1981) Professionals Out of Work. New York: Free Press.

LICHTER, D. T. (1983) "Socioeconomic returns to migration among married women." Social Forces 62: 487-503.

LIEBOW, E. (1967) Tally's Corner. Boston: Little Brown.

LIEM, R. (1985) "Unemployment: a family as well as a personal crisis," pp. 112-118 in J. Boulet et al. (eds.) Understanding the Economic Crisis. Ann Arbor: University of Michigan.

LIKER, J. K. and G. H. ELDER, Jr. (1983) "Economic hardship and marital relations in the 1930s." American Sociological Review 48: 343-359.

LUPRI, E. (1984) "Comments—bringing women back in," pp. 78-87 in M. B. Brinkerhoff (ed.) Family and Work: Comparative Convergences. Westport, CT: Greenwood.

MARGOLIS, D. (1979) The Managers: Corporate Life in America. New York: Morrow.

MARGOLIS, L. H. (1982) Helping the Families of Unemployed Workers. Chapel Hill: University of North Carolina Press.

MARKHAM, W. T. and J. H. PLECK (1986) "Sex and willingness to move for occupational advancement." Sociological Quarterly 27: 121-143.

MARKS, S. R. (1977) "Multiple roles and role strain." American Sociological Review 42: 921-936.

MARSHALL, G. (1984) "On the sociology of women's unemployment, its neglect and significance." Sociological Review 32: 234-259.

MASNICK, G. and M. J. BANE (1980) The Nation's Families: 1960-1990. Cambridge, MA: Joint Center for Urban Studies of MIT and Harvard University.

McALLISTER, R., E. BUTLER, and E. KAISER (1973) "The adjustment of women to residential mobility." Journal of Marriage and the Family 35: 197-204.

McCUBBIN, H. I., C. B. JOY, A. E. CAUBLE, J. K. COMEAU, J. M. PATTERSON, and R. H. NEEDLE (1980) "Family stress and coping: decade review." Journal of Marriage and the Family 42: 855-871.

McLAUGHLIN, S. D. (1982) "Differential patterns of female labor-force participation surrounding the first birth." Journal of Marriage and the Family 44: 407-420.

McLEAN, A. A. (1979) Work Stress. Reading, MA: Addison-Wesley.

MILLER, J. (1980) "Individual and occupational determinants of job satisfaction." Sociology of Work and Occupations 7: 337-366.

MILLER, J. and H. H. GARRISON (1982) "Sex roles: the division of labor at home and in the workplace." Annual Review of Sociology 8: 237-262.

MILLER, J., C. SCHOOLER, M. KOHN, and K. MILLER (1979) "Women and work: the psychological effects of occupational conditions." American Journal of Sociology 85: 66-94.

MILLER, S. J. (1976) "Family life cycle, extended family orientations, and economic aspirations as factors in the propensity to migrate." Sociological Quarterly 17: 323-335.

MOEN, P. (1979) "Family impacts of the 1975 recession: duration of unemployment." Journal of Marriage and the Family 41: 561-572.

MOEN, P. and M. MOOREHOUSE (1983) "Overtime over the life cycle: a test of the life cycle squeeze hypothesis," pp. 201-218 in H. Z. Lopata and J. H. Pleck (eds.) Research in the Interweave of Social Roles: Family and Jobs, vol. 3. Greenwich, CT: JAI.

MOONEY, M. (1981) "Wives' permanent employment and husbands' hours of work." Industrial Relations 20: 205-211.

MOORE, J. M. (1981) "Relocation policy update." Personnel Administrator (December): 39-42.

MOORE, K. A. and S. L. HOFFERTH (1979) "Effects of women's employment on marriage: formation, stability and roles." Marriage and Family Review 2: 27-36.

MOORE, K. A. and I. V. SAWHILL (1984) "Implications of women's employment for home and family life," in P. Voydanoff (ed.) Work and Family: Changing Roles of Men and Women. Palo Alto, CA: Mayfield.

MOORE, K. A., D. SPAIN, and S. BIANCHI (1984) "Working wives and mothers," pp. 77-98 in B. B. Hess and M. B. Sussman (eds.) Women and the Family: Two Decades of Change. New York: Haworth.

MORTIMER, J. T. (1980) "Occupation-family linkages as perceived by men in the early stages of professional and managerial careers," pp. 99-117 in

Research in the Interweave of Social Roles, vol. 1. Women and Men. Greenwich, CT: JAI.

MORTIMER, J. T., R. HALL, and R. HILL (1978) "Husbands' occupational attributes as constraints on wives' employment." Sociology of Work and Occupations 5: 285-313.

MORTIMER, J. T. and G. SORENSEN (1984) "Men, women, work, and family," pp. 139-167 in K. M. Borman et al. (eds.) Women in the Workplace: Effects on Families. Norwood, NJ: Ablex.

MOTT, P. E., F. C. MANN, Q. McLOUGHLIN, and D. P. WARWICK (1965) Shift Work. Ann Arbor: University of Michigan Press.

NARDONE, T. J. (1986) "Part-time workers: who are they?" Monthly Labor Review (February): 13-19.

NATHANSON, C. A. (1980) "Social roles and health status among women: the significance of employment." Social Science and Medicine 14A: 463-471.

NOLLEN, S. D. (1982) New Work Schedules in Practice. New York: Van Nostrand Reinhold.

NORTON, A. J. (1983) "Family life cycle: 1980." Journal of Marriage and the Family 45: 267-275.

NORTON, A. J. and P. C. GLICK (1986) "One parent families: a social and economic profile." Family Relations 35: 9-17.

NOWAK, T. C. and K. A. SNYDER (1984) "Job loss, marital happiness, and household tension." Presented at the Annual Meeting of the Society for the Study of Social Problems, San Antonio, TX.

OPPENHEIMER, V. K. (1982) Work and the Family: A Study in Social Demography. New York: Academic.

OWEN, J. D. (1976) "Workweeks and leisure: an analysis of trends, 1948-75." Monthly Labor Review (August): 3-8.

PACKARD, V. (1972) A Nation of Strangers. New York: David McKay.

PAPANEK, H. (1973) "Men, women and work: reflections on the two-person career." American Journal of Sociology 78: 852-872.

PAPANEK, H. (1979) "Family status production." Signs 7: 775-781.

PARSONS, T. (1949) "The social structure of the family," pp. 241-274 in R. Anshen (ed.) The Family: Its Function and Destiny. New York: Harper.

PARSONS, T. (1955) "The stability of the American family system," pp. 3-9 in T. Parsons and R. F. Bales (eds.) Family, Socialization and Interaction Process. New York: Free Press.

PAULSON, N. (1982) "Change in family income position: the effect of wife's labor force participation." Sociological Focus 15: 77-91.

PEARLIN, L. I., M. A. LIEBERMAN, E. MENAGHAN, and J. T. MULLAN (1981) "The stress process." Journal of Health and Social Behavior 19: 18-26.

PEARLIN, L. I. and C. SCHOOLER (1978) "The structure of coping." Journal of

Health and Social Behavior 19: 18-26.

PERRUCCI, C. C., R. PERRUCCI, D. B. TARG, and H. R. TARG (1985) "Impact of a plant closing on workers and the community," in I. H. Simpson and R. L. Simpson (eds.) Research in the Sociology of Work: A Research Annual, vol. III. Greenwich, CT: JAI.

PESKIN, J. (1982) "Measuring household production for the GNP." Family Economics Review (Summer): 16-25.

PETT, M. A. and B. VAUGHAN-COLE (1986) "The impact of income issues and social status on post-divorce adjustment of custodial parents." Family Relations 35: 103-111.

PHILLIBER, W. W. and D. V. HILLER (1983) "Relative occupational attainments of spouses and later changes in marriage and wife's work experience." Journal of Marriage and the Family 45: 161-170.

PIOTRKOWSKI, C. S. (1979) Work and the Family System. New York: Free Press.

PIOTRKOWSKI, C. S. and P. CRITS-CHRISTOPH (1981) "Women's jobs and family adjustment." Journal of Family Issues 2: 126-147.

PLECK, E. (1976) "Two worlds in one: work and family." Journal of Social History 10: 178-195.

PLECK, J. H. (1977a) "Developmental stages in men's lives: how do they differ from women's?" Presented at the conference on Resocialization of Sex Roles: Challenge for the 1970's, Hartland, MI.

PLECK, J. H. (1977b) "The work-family role system." Social Problems 24: 417-428.

PLECK, J. H. (1979) "Work-family conflict: a national assessment." Presented at the Annual Meeting of the Society for the Study of Social Problems, Boston.

PLECK, J. H. (1983) "Husband's paid work and family roles: current research issues," pp. 251-333 in H. Z. Lopata and J. H. Pleck (eds.) Research in the Interweave of Social Roles: Families and Jobs, vol. 3. Greenwich, CT: JAI.

PLECK, J. H. (1986) "Employment and fatherhood: issues and innovative policies," in M. E. Lamb (ed.) The Father's Role: Applied Pespectives. New York: Wiley-Interscience.

PLECK, J. H. and L. LANG (1978) "Men's family role." Unpublished manuscript.

PLECK, J. H. and G. L. STAINES (1985) "Work schedules and family life in two-earner couples." Journal of Family Issues 6: 61-82.

POWELL, D. H., and P. F. DRISCOLL (1973) "Middle-class professionals face unemployment." Society 10: 18-26.

QUARM, D. (1984) "Sexual inequality: the high cost of leaving parents to women," pp. 187-208 in K. M. Borman et al. (eds.) Women in the Workplace: Effects on Families. Norwood, NJ: Ablex.

QUINN, R. P. and G. L. STAINES (1979) The 1977 Quality of Employment Survey. Ann Arbor: University of Michigan.

RALLINGS, E. M. and F. I. NYE (1979) "Wife-mother employment, family, and society," in W. R. Burr et al. (eds.) Contemporary Theories about the Family, vol. I. New York: Free Press.

RAPOPORT, R., R. RAPOPORT, and V. THIESSEN (1974) "Couple symmetry and enjoyment." Journal of Marriage and the Family 36: 588-591.

RAYMAN, P. (1983) "Out of work: the effects of urban unemployment." Unpublished manuscript, Brandeis University.

RENSHAW, J. R. (1976) "An exploration of the dynamics of the overlapping worlds of work and family." Family Process 15: 143-165.

RESKIN, B. F. and H. I. HARTMANN [eds.] (1986) Women's Work, Men's Work: Sex Segregation on the Job. Washington, DC: National Academy Press.

RODMAN, H. (1971) Lower-Class Families. New York: Oxford University Press.

RODMAN, H., and C. SAFILIOS-ROTHSCHILD (1983) "Weak links in men's worker-earner roles: a descriptive model," pp. 219-238 in Research in the Interweave of Social Roles: Jobs and Families, vol. 3. Greenwich, CT: JAI.

ROOS, P. A. (1983) "Marriage and women's occupational attainment in cross-cultural perspective." American Sociological Review 48: 852-864.

ROOT, K. (1984) "The human response to plant closures." Annals of the American Academy of Political and Social Science 475: 52-65.

ROOT, K. (1977) "Workers and their families in a plant shutdown." Presented at the Annual Meeting of the American Sociological Association.

ROSENFELD, R. A. (1979) "Women's occupational careers." Sociology of Work and Occupations 6: 283-311.

RUBIN, L. B. (1976) Worlds of Pain: Life in the Working-Class Family. New York: Basic Books.

SANDEFUR, G. D. (1985) "Variations in interstate migration of men across the early stages of the life cycle." Demography 22: 353-366.

SANIK, M. and T. MAULDIN (1986) "Single versus two parent families: a comparison of mothers' time." Family Relations 35: 53-56.

SCANZONI, J. (1970) Opportunity and the Family. New York: Free Press.

SCANZONI, J. (1982) Sexual Bargaining. Chicago: Univeristy of Chicago.

SCANZONI, L. and J. SCANZONI (1981) Men, Women and Change. New York: McGraw-Hill.

SCHERVISH, P. G. (1985) "Family life and the economy." Presented at the video teleconference, "The Bishops' Pastoral Letter on the Economy and Its Relationship to Family Life," Loyola University, Chicago.

SCHLOZMAN, K. L. (1979) "Women and unemployment: assessing the biggest myths," pp. 290-312 in J. Freeman (ed.) Women: A Feminist Perspective. Palo Alto, CA: Mayfield.

SEHGAL, E. (1984) "Work experience in 1983 reflects the effects of the recovery." Monthly Labor Review (December): 18-24.

SEIDENBERG, R. (1973) Corporate Wives—Corporate Casualties? New York: AMACOM.

SELL, R. R. (1983) "Transferred jobs: a neglected aspect of migration and occupational change." Work & Occupations 10: 179-206.

SHAMIR, B. (1985) "Sex differences in psychological adjustment to unemployment." Social Problems 33: 67-79.

SHANK, S. E. (1985) "Employment rose in the first half of 1985 as the recovery entered its third year." Monthly Labor Review (August): 3-8.

SHANK, S. E. and P. M. GETZ (1986) "Employment and unemployment: developments in 1985." Monthly Labor Review (February): 3-12.

SHAW, L. B. (1982) Unplanned Careers: The Working Lives of Middle-Aged Women. Lexington, MA: D. C. Heath.

SHOSTAK, A. B. (1980) Blue-Collar Stress. Reading, MA: Addison-Wesley.

SIDDIQUE, C. M. (1981) "Orderly careers and social integration." Industrial Relations 20: 297-305.

SIEBER, S. D. (1974) "Toward a theory of role accumulation." American Sociological Review 39: 567-578.

SLOTE, A. (1969) Termination: The Closing at Baker Plant. New York: Bobbs-Merrill.

SMITH, S. J. (1982) "New worklife estimates reflect changing profile of labor force." Monthly Labor Review 105 (March): 15-20.

SMITH, S. J. (1983) "Estimating annual hours of labor force activity." Monthly Labor Review 106 (February): 13-22.

SMITH, S. J. (1986) "Work experience profile, 1984: the effects of recovery continue." Monthly Labor Review (February): 37-45.

SMITH-LOVIN, L. and A. R. TICKAMYER (1978) "Nonrecursive models of labor force participation, fertility behavior and sex role attitudes." American Sociological Review 43: 541-557.

SORENSEN, A. (1983) "Women's employment patterns after marriage." Journal of Marriage and the Family 45: 311-321.

SPITZE, G. (1984) "The effect of family migration on wives' employment: how long does it last?" Social Science Quarterly 65: 21-36.

SPITZE, G. (1986) "Family migration largely unresponsive to wife's employment (across age groups)." Sociology and Social Research 70: 231-234.

SPITZE, G. and S. J. SOUTH (1985) "Women's employment, time expenditure, and divorce." Journal of Family Issues 6: 307-329.

ST. JOHN-PARSONS, D. (1978) "Continuous dual-career families." Psychology of Women Quarterly 3: 30-42.

STACK, C. B. (1974) All Our Kin. New York: Harper.

STAFFORD, F. and G. J. DUNCAN (1979) "The use of time and technology by households in the United States." Working paper, Institute for Social Research,

University of Michigan.

STAINES, G. L. and J. H. PLECK (1983) The Impact of Work Schedules on the Family. Ann Arbor: University of Michigan Press.

STEINBERG, L. D., R. CATALANO, and D. DOOLEY (1981) "Economic antecedents of child abuse and neglect." Child Development 52: 975-985.

STEINER, J. (1972) "What price success?" Harvard Business Review 50: 69-74.

SUSSMAN, M. B. and B. E. COGSWELL (1971) "Family influences on job movement." Human Relations 24: 477-487.

SUTER, L. E. and H. P. MILLER (1973) "Income differences between men and career women." American Journal of Sociology 78: 962-974.

SWEETLAND, J. (1979) Occupational Stress and Productivity. Scarsdale, NY: Work in America Institute.

SZINOVACZ, M. E. (1984) "Changing family roles and interactions," pp. 163-201 in B. B. Hess and M. B. Sussman (eds.) Women and the Family: Two Decades of Change. New York: Haworth Press.

TAYLOR, D. E. and E. S. SEKSCENSKI (1982) "Workers on long schedules, single and multiple jobholders." Monthly Labor Review (May): 47-53.

THOITS, P. A. (1983) "Multiple identities and psychological well-being." American Sociological Review 48: 174-187.

TIGER, L. (1974) "Is this trip necessary? The heavy human costs of moving executives around." Fortune (September): 139-141.

TILLY, L. A. (1979) "Individual lives and family strategies in the French Proletariat." Journal of Family History 4: 137-152.

TOGNOLI, J. (1979) "The flight from domestic space: men's roles in the household." Family Coordinator 28: 599-607.

Urban League Review (1976) "The myth of income cushions during the 1974-75 depression." Vol. 2, pp. 43-53.

U.S. Bureau of the Census (1983) Geographic Mobility of Labor, March 1980 to March 1981. Current Population Reports Series P-20, no. 377. Washington, DC: U.S. Department of Commerce.

U.S. Commission on Civil Rights (1981) Child Care and Equal Opportunity for Women. Washington, DC: U.S. Commission on Civil Rights.

U.S. Commission on Civil Rights (1983) A Growing Crisis: Disadvantaged Women and Their Children. Washington, DC: U.S. Commission on Civil Rights.

VAN MAANEN, J. (1977) "Summary: towards a theory of the career," pp. 161-179 in J. Van Maanen (ed.) Organizational Careers. New York: John Wiley.

VANEK, J. (1974) "Time spent on housework." Scientific American 231, 5: 116-120.

VERBRUGGE, L. M. (1983) "Multiple roles and physical health of women and men." Journal of Health and Social Behavior 24: 16-30.

VERBRUGGE, L. M. (1985) "Role burdens and physical health of women and men." Presented at the Annual Meeting of the American Sociological Association, Washington, DC.

VOYDANOFF, P. (1982) "Work roles and quality of family life among professionals and managers." pp. 118-124 in B. M. Hirschlein and W. J. Braun (eds.) Families and Work. Stillwater: Oklahoma State University Press.

VOYDANOFF, P. (1984a) "Economic distress and families: policy issues." Journal of Family Issues 5: 273-288.

VOYDANOFF, P. (1984b) "Work role characteristics, family structure demands and quality of family life." Paper presented at the Annual Meeting of the National Council on Family Relations.

VOYDANOFF, P. and B. W. DONNELLY (1986a) Economic Distress and Mental Health. Final report submitted to the Ohio Department of Mental Health.

VOYDANOFF, P. and B. W. DONNELLY (1986b) "Economic distress and mental health: the role of coping resources and behaviors." Presented at the Annual Meeting of the American Sociological Association, New York.

VOYDANOFF, P. and B. W. DONNELLY (forthcoming) "Economic distress, family coping, and quality of family life," in P. Voydanoff and L. C. Majka (eds.) Families and Economic Distress: Coping Strategies and Social Policy. Beverly Hills, CA: Sage.

VOYDANOFF, P. and R. F. KELLY (1984) "Determinants of work-related family problems among employed parents." Journal of Marriage and the Family 46: 881-892.

WAITE, L. J., G. W. HAGGSTROM, and D. E. KANOUSE (1985) "Changes in the employment activities of new parents." American Sociological Review 50: 263-272.

WALDMAN, E. (1983) "Labor force statistics from a family perspective." Monthly Labor Review (December): 16-20.

WALDMAN, E., A. S. GROSSMAN, H. HAYGHE, and B. L. JOHNSON (1979) "Working mothers in the 1970's: a look at the statistics." Monthly Labor Review (October): 39-49.

WARR, P. (1984) "Job loss, unemployment and psychological well-being," pp. 263-285 in V. L. Allen and E. van de Vliert (eds.) Role transitions. New York: Plenum.

WEISS, R. S. (1984) "The impact of marital dissolution on income and consumption in single-parent households." Journal of Marriage and the Family 46: 115-127.

WEITZMAN, L. J. (1985) The Divorce Revolution. New York: Free Press.

White House Conference on Families (1980) Listening to America's Families. Washington, DC: Author.

WILENSKY, H. (1961) "Orderly careers and social participation." American Socio-

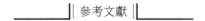
logical Review 26: 521-539.

WILKIE, J. R. (1981) "The trend toward delayed parenthood." Journal of Marriage and the Family 43: 583-591.

WINETT, R. A. and M. S. NEALE (1980) "Modifying settings as a strategy for permanent, preventive behavior change," pp. 407-437 in P. Karoly and J. J. Steffan (eds.) Improving the Long-Term Effects of Psychotherapy. New York: Gardner.

WOODS, N. F. and B. S. HULKA (1979) "Symptom reports and illness behavior among employed women and homemakers." Journal of Community Health 5: 36-45.

YOUNG, M. and P. WILLMOTT (1973) The Symmetrical Family. New York: Penguin Books.

ZALUSKY, J. (1978) "Shiftwork—complex of problems." AFL-CIO Federationist (May): 1-6.

關於作者

　　Patricia Voydanoff現任俄亥俄州University of Dayton家庭發展研究中心主任，她自俄亥俄州Wesleyan大學取得心理學士資格後，繼而在Wayne州立大學取得社會及勞工碩士及社會學博士資格，作者授權出版許多有關工作與家庭關係相關作品，（在美國機構工作，1980），著有《工作與家庭：兩性角色的變遷》（Mayfield Publishing, 1984）並與人合著有《變遷中的家庭：和諧家庭的省思》（Loyola University Press, 1984）與《家庭與經濟壓力：調適策略與社會政策》（Sage Publishing Company, 19--）二本書。作者並已在各種學術刊物發表許多有關處於工作與家庭中的兩性角色，和經濟壓力對於家庭的影響二方面的研究報告。

本書由 Sage Publishing, Inc. 授權發行國際中文版

Copyright © 1987 by Sage Publication, Inc.

Chinese language copyright 1998, Yang-Chih Book Co., Ltd.

工作與家庭　　　　　　　　　　　　　　　家庭叢書 8

著　　　者／Patricia Voydanoff

校　　　閱／郭靜晃

譯　　　者／張惠芬　郭妙雪

出　版　者／揚智文化事業股份有限公司

發　行　人／葉忠賢

責任編輯／賴筱彌

執行編輯／范維君

地　　　址／台北市新生南路三段 88 號 5 樓之 6

電　　　話／886-2-3660309

傳　　　真／886-2-3660310

郵政劃撥／14534976

登　記　證／局版臺業字第 1117 號

印　　　刷／偉勵彩色印刷股份有限公司

法律顧問／北辰著作權事務所　蕭雄淋律師

初版一刷／1998 年 1 月

I S B N／957-8446-39-x

定　　　價／150 元

本書如有缺頁、破損、裝訂錯誤、請寄回更換。

E-mail：ufx0309@ms13.hinet.net

國家圖書館出版品預行編目資料

工作與家庭/Patricia Voydanoff 著；張惠芬，
郭妙雪譯. -- 初版. -- 台北市:揚智文化，
1998[民 87]
面；公分. -- (家庭叢書;8)
譯自: Work and Family Life
ISBN: 957-8446-39-X(平裝)

1.家庭　2.家庭經濟

544.1　　　　　　　　　　　　86010903

《家庭暴力》　　　　　　　　　劉秀娟◎譯

強調著家庭是養育的和安全的想法，便是迷思一（家庭暴力是罕見的）與迷思二（只有「生病」的人才會有暴力行為）的結合。如此錯誤看法的謬論，將導致我們對家庭暴力事件發生時，抱持著「那是別人的問題，與我們無關」的態度。‥‥　　　　　　【第5頁】

僅次於心理異常或疾病的暴力迷思，最常見的便是以為只有在社會階層較低的家庭中才會發生家庭暴力。‥‥　　　　　【第7頁】

受虐婦女最常被問及的問題之一是「她們（受毆妻子）為何不收拾行李一走了之？」被毆打的婦女較不像受虐兒童那樣引起若干注意與同情，因為不知何故，許多人認為受毆打凌虐的婦女是引發暴力的人；一般認為當她們在第一次被毆打後，如未離開家庭，表示她們一定是喜歡挨打。贊成此種看法的人（不分性別，男女皆有），多半是擁有相當程度的教育水準及良好的工作和廣泛社交圈的人。他（她）們無法想像有人會在社交上、法律上以及物質上受到婚姻的箝制；他（她）們也無法想像一個女人會真的無處可去。‥‥
【第11頁】

（揚智文化出版發行，民國八十五年七月初版，224頁，定價NT:200元）

《老年家庭》

劉秀娟◎譯

‧‧‧‧當一對夫婦在子女離家後，面對與中年、老年有關的發展任務時，他們有一可供參考的家庭軌跡記錄作爲未來歲月的依據；不同於新婚夫婦的是，年老的夫婦一起經歷了許多生活事件，同時他們可能較精確地預測另一半的行爲與反應。這個歷史痕跡對於家庭的影響有正面的，也有負面的。‧‧‧‧ 　　　　　　　【第 10 頁】

兄弟姐妹的關係對老年人而言是很重要的，即使互動會因老年而減少，兄弟姐妹是一個持續一輩子的家庭關係。雖然成年的孩子提供更多的協助給年老的父母，但是年老的兄弟姐妹仍會互相幫助，而且會互相給予支持以便持續手足關係。‧‧‧‧【第 99 頁】

（揚智文化出版發行，民國八十六年三月初版，192 頁，定價 NT:150 元）

《離婚》

徐蓮蔭◎譯

對某些人而言，離婚對於人生有正面價值。 Spanier 和 Lachman 的報告指出：離過婚可以改善人們的身心狀況。離婚人口中有相當比例的人形容他們的離婚對他們而言，無關痛癢或僅只於引發些輕微的情緒混亂而已；對這些人而言，離婚適切的解決了處於壓力的緊張狀態（如，婚姻暴力），的人際關係與發展個人興趣。且可培養出全新的自制力和不同的能力，並自由發展出更好。‧‧‧‧ 　　　　　　　　　【第 87 頁】

離婚也許可以認爲是一種正常的過程，以便去完成特別的任務，去處理發生在週遭的各種壓力，去尋求滿足和目標。像是生命中任何的危機一樣，我們盡可能避免離婚，但如果真的發生時，可當做是一種追求更完美生活的磨練與方法。‧‧‧‧

【第 88 頁】

（揚智文化出版發行，民國八十六年一月初版，248 頁，定價 NT:200 元）